组织:

组织激活方法论与实践 2.0

董博 著

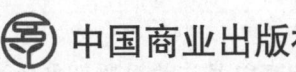
中国商业出版社

图书在版编目（CIP）数据

组织：组织激活方法论与实践 2.0 / 董博著. -- 北京：中国商业出版社，2021.12
ISBN 978-7-5208-1928-2

Ⅰ.①组… Ⅱ.①董… Ⅲ.①企业管理-组织管理 Ⅳ.①F272.9

中国版本图书馆 CIP 数据核字（2021）第 241593 号

责任编辑：滕 耘

中国商业出版社出版发行
（www.zgsycb.com　100053　北京广安门内报国寺 1 号）
总编室：010-63180647　编辑室：010-83118925
发行部：010-83120835/8286
新华书店经销
北京中献拓方科技发展有限公司印刷
*
710 毫米×1000 毫米　16 开　10.75 印张　206 千字
2021 年 12 月第 1 版　2021 年 12 月第 1 次印刷
定价：46.00 元
* * * * *
（如有印装质量问题可更换）

序

以数字化、移动化和智能化为核心的技术浪潮推动着全球跨界产业链整合和商业价值体系重构，基于VUCA时代的生态价值系统正在被重新定义。

重新定义商业单元。工业时代的商业活动，一般是以企业为最基本的商业单元，区别只是组织规模的大小。而在VUCA时代，随着自由职业者崛起，如网约车司机等，他们以个体的形式参与到生态平台的经营中，已成为市场中比企业更小的商业单元。这一趋势使小颗粒度的价值创造力量得以更有效的整合，形成了具有液态特征的微粒化组织。

重新定义商业空间。传统企业的商业空间主要集中在行业内，或沿行业上下游进行价值链延伸，企业的非相关多元化一般不易协同。而在VUCA时代，企业通过跨行业的价值体系协同，可打造比传统行业大得多的协同商业空间和商业可能性，形成了具有无边界特征的平台型组织。

重新定义用户需求。传统制造企业以专业化分工、规模化生产、精细化降本增效为商业主逻辑，通过占领市场中最大的需求，以实现规模和成本的最优。随着移动互联网的普及，用户的个性化需求变得越来越碎片化，产生长尾效应，而生态价值系统使小颗粒度的需求被有效整合满足，形成了具有去中心化特征的生态化组织。

重新定义发展速度。数字化时代一个行业3~5年的变化甚至比传统行业数十年的进程还要快，符合价值趋势的产品和技术普及可以提升到指数级的速度，形成了具有敏捷特征的数字化组织。

VUCA时代成为所有企业面临的新常态。面对这一新常态，如何有效地激活组织能力，推动企业高质量发展？本书是根据笔者多年在组织实践过程中的一些感悟，结合咨询实践过程中中国企业家经常在组织发展中所面临的一些困惑而成。主要可以归集为以下三个方面的问题。

一是组织能力发展特征及组织能力发展的陷阱有哪些？

二是组织能力激活是一个系统工程，涉及组织文化、组织战略、集团管控、企业治理等相关内容，如何系统性解决组织能力激活的选择与实施路径？

三是如何有效地对抗熵增，使组织不断充满活力？

组织能力激活之道在于"拓格局"。一个企业要取得成功有两个关键要素，即方向大致正确，组织充满活力。而组织能力的激活，离不开组织能力的土壤。本书的第一章讲述了企业不同时间维度、不同发展阶段组织能力的发展特征及组织能力发展的陷阱。

组织能力激活之法在于"谋变革"。组织对于企业发展的重要性不言而喻。如前所述，VUCA时代正在改变企业生存和发展的商业逻辑，快速行动和快速迭代成为组织管理的一个新的命题。互联网使商业的边界得到了前所未有的扩展，原有的组织边界早就被打破，新的组织形态层出不穷。本书的第一章至第七章讲述了如何通过组织能力增长 Macho 模型，从组织文化、组织战略、组织顶层设计、未来组织形态、人才发展方面，系统性地解决组织能力激活的选择与实施路径。

正如管理大师明茨伯格对管理的定义一样，管理是科学、技艺、艺术的有机集合。管理不在于"知"，而在于"行"。所以本书定位为组织工具书+案例书。为了更好地体现其定位，书中在沿着组织能力增长 Macho 模型主线逻辑的前提下，使用了大量结构化的评估模型与工具，并对组织能力激活过程中可能面临的主要问题一一做出解答。同时，为了便于读者更好地使用组织能力增长 Macho 模型，笔者在本书第十章结合过往咨询实践过程中的真实案例，试图从企业组织发展实践视角，对此前提到的工具与方法论做出验证与说明。

组织能力激活之术在于"促统一"。根据热力学第二定律即熵增原理，世界上的一切事物都是从有序到无序，最终走向灭亡的过程。既然熵增是决定组织活力的关键要素，那么如何有效地对抗熵增，使组织不断充满活力，便是所有企业共同面临的难题。组织管理成熟度评估模型既是一套评价组织管理能力的实用性工具，又是引导组织管理能力逐步自我发展成熟的标准指南。通过与组织活力"四张地图"结合，从战略、组织、氛围、人才四个维度，进一步提升组织活力。本书的第八、九章正是基于这样的命题产生的，探讨了面对组织能力增长，应该如何找到平衡点，让组织形成"永动机制"。

同时，为了便于读者更好地使用组织能力增长 Macho 模型，笔者在本书第十章结合过往咨询实践过程中的真实案例，试图从企业组织发展实践视角，对此前提到的工具与方法论做出验证与说明。

正如管理大师明茨伯格对管理的定义一样，管理是科学、技艺、艺术的有机集合。管理不在于"知"，而在于"行"。所以本书定位为组织工具书+案例书。为了更好地体现其定位，书中在沿着组织能力增长 Macho 模型主线逻辑的前提下，使用了大量结构化的评估模型与工具，并对组织能力激活过程中可能面临的主要问题一一做出解答。受限于书籍的篇幅和笔者学识与资历的不足，本书无法将组织能力激活过程中的所有问题和工具穷尽，仅在有限的篇幅内管中窥豹。书中部分观点难免有失偏颇，恳请广大读者朋友不吝批评指正。

目 录

第一篇　组织激活的道、法、术

第一章　组织能力的土壤 ································· 3
　一、不同时间维度的组织能力发展特征 ··············· 3
　二、企业不同发展阶段的组织能力发展特征 ········· 6
　三、组织能力发展陷阱 ·································· 7

第二章　组织能力增长 Macho 模型 ················· 13
　一、组织能力增长 Macho 模型六要素 ············· 13
　二、组织能力增长 Macho 模型的运作机制 ········· 16
　三、组织能力增长 Macho 模型创新点 ·············· 17

第三章　组织文化 ·· 19
　一、组织文化在不同发展阶段的主要表现 ··········· 19
　二、组织文化再造与落地 ······························ 20
　三、组织氛围 ··· 29

第四章　组织战略 ·· 32
　一、单体企业组织战略 ································· 32
　二、多元化集团型企业组织战略 ······················ 34
　三、组织形态与组织战略相匹配 ······················ 36

第五章　组织顶层设计 ··································· 38
　一、集团管控 ··· 38
　二、企业治理 ··· 45

第六章　未来组织形态 ·············· 54
一、组织设计 ························ 54
二、流程型组织设计 ················ 60

第七章　人才发展 ···················· 68
一、人才发展原则与总体策略 ······ 68
二、人才发展体系建设 ············· 69

第八章　组织活力曲线 ··············· 88
一、能量与熵 ························ 88
二、组织能力变革"三板斧"：先僵化，后优化，再固化 ····· 92
三、赋能激活组织"活力曲线" ····· 94

第九章　组织管理诊断与组织活力"四张地图"方法论 ···· 99
一、组织管理成熟度评估模型 ······ 99
二、组织活力"四张地图" ········· 102

第二篇　组织激活的案例应用

第十章　BY集团组织设计与组织活力"四张地图"案例 ···· 113
一、BY集团组织管理成熟度评估 ··· 113
二、基于集团管控体系下的BY集团组织设计"三部曲" ······ 115
三、BY集团组织活力"四张地图" ···· 129

第一篇

组织激活的道、法、术

第一章 组织能力的土壤

> **导读** 现代管理学之父彼得·德鲁克在《卓有成效的管理者》一书中指出,组织的目标是使普通人从事非凡的工作。组织能力是组织整体能力的集合,而不是个人能力的体现。组织能力是企业核心竞争力的前提和保证。
>
> 要培养组织能力的土壤,首先要了解组织能力是以时代背景与宏观环境为基础的,不同时代背景下发展出来的组织能力具有鲜明的时代特征,不同宏观环境下发展出来的组织能力也具有独特的发展路径。其次,企业处于不同发展阶段时如果想获得跨越式发展,就必须改变其原有的组织能力发展特征。最后,阻碍企业现阶段组织能力发展的原因也不尽相同,因此优秀的组织能力离不开肥沃的成长土壤。

一、不同时间维度的组织能力发展特征

本节将从 VUCA 时代与宏观环境两个不同时间维度下的组织能力建设出发,揭示其背后的组织能力的发展规律。

(一)基于 VUCA 时代背景下的组织能力

2019 年 8 月 19 日,181 家美国顶级企业首席执行官在华盛顿举行的美国商业组织"商业圆桌会议"上联合签署了《公司宗旨宣言书》。该宣言书重新定义了组织运营的宗旨,在这份宣言中,包括贝佐斯、库克等在内的引领美国商业的 CEO 们集体发声:一个美好的社会比股东利益更重要。

作为一个具有社会责任意识的企业,其领导团队应该致力于达成以下几个目标:向客户传递企业价值;通过雇用不同群体并提供公平的待遇来投资员工;与供应商交易时遵守商业道德;积极投身于社会事业;注重可持续发展,为股东创造长期价值。

结合全球市值排名前十的企业变迁（见表1-1）和《公司宗旨宣言书》不难看出，基于VUCA时代背景下的组织能力正在发生变化，其发展特征主要体现在以下几点。

表1-1　　1990—2019年全球市值排名前十的企业变迁

年份 企业序号	1990年	2000年	2010年	2019年
1	日本电信电话公司	微软	中国石油	微软
2	东京三菱银行	通用电气	埃克森美孚	苹果
3	日本兴业银行	NTTDocomo	微软	亚马逊
4	三井住友银行	思科	工商银行	谷歌
5	丰田汽车	沃尔玛	沃尔玛	脸书
6	日本富士银行	英特尔	建设银行	伯克希尔哈撒韦
7	日本第一劝业银行	日本电信电话公司	必和必拓	阿里巴巴
8	IBM	埃克森美孚	汇丰银行	腾讯
9	日本联合银行	朗讯	巴西国家石油	强生
10	埃克森美孚	德国电信	苹果	JP摩根

不忘"初心"，专注文化引领。除了为客户单纯地提供产品和服务进而盈利外，还不可避免地要求企业明确它的存在相对于社会的相关性及其社会目的，即在社会进步中的相关性以及所扮演的角色。无论是微软提出的使命"予力全球每一人、每一组织，成就不凡"，还是腾讯提出的"用户为本，科技向善"，都在直面回答这样一个终极考问：企业在社会进步中究竟扮演了什么角色？发挥了什么作用？而对这些问题的回答，最终将回归到企业的可持续发展上来。

生态价值平台型企业将引领下一个"企业—社会可持续生态"阶段。从表1-1可以看出，全球市值排名前十的企业共同特征都是生态价值平台型企业。

只有以客户为中心，为客户创造持久的价值，才有可能为股东创造价值。在新经济时代，让客户满意的最主要因素是企业的人才系统，没有勤奋、快乐、激情敬业和富有才华的员工，为客户创造价值将是空谈。没有满意的员工队伍就不可能有满意的客户，没有满意的客户就一定没有满意的股东。

(二) 基于宏观环境下的组织能力

面对新冠疫情、中美贸易摩擦的挑战，新税改、新社保等带来的变革，"企业寒冬""资金收紧"等成为企业的头号话题。

房地产龙头企业万科在2018年秋季例会上喊出了"活下去"的口号。就在万科喊出了"活下去"口号的当月，2018年9月7日，万科对内宣布调整总部组织架构，撤销万科总部全部部门设置，另成立三大中心：事业发展中心、管理中心、支持中心。总部由"专业分工的部门科层制"向"中心合伙制"改革。相对以前按"专业分工"设置的12个部门，目前按"前中后台"设置的三大中心，日常运转相对独立，业务流程涉及的部门壁垒减少，提升了总部决策办事效率。其中，事业发展中心的职能既涵盖了地产开发业务链条，也适用于万科新事业的拓展。这样总部不但能有效把控住宅主业的发展，也利于总部对新事业拓展的推进。

2018年9月13日，小米宣布了上市以来首次组织架构调整，将MIUI、电视、互娱、生态链四个业务部拆分为十个业务部门，实现业务精细化管理；增设集团组织部和集团参谋部，一手抓中高层管理干部，一手抓企业发展战略。本次组织架构调整后，小米提升了集团总部的战略规划与组织管理功能，组织架构更扁平化。

2018年9月30日，腾讯发布了历史上第三次组织架构重大调整方案。通过成立技术委员会，打造腾讯的"中台战略"，打破"部门墙"与"数据墙"，所有数据在内部集成，形成对外服务商家的产品，拥抱产业互联网。本次组织架构调整后，腾讯将进一步增强技术与内容的融合、消费者与产业的对接，同时也将进一步加大对技术的投入。

结合宏观环境趋势和以上企业组织变革的实践，不难看出，面对新的宏观环境，企业组织能力正在发生变化。其发展特征主要体现在以下几点。

不断提升总部功能，强化总部领导职能。根据母合优势模型，总部需要为企业整体创造比竞争对手更多的价值。总部功能定位正在从原来的以"管控"为核心向以"赋能"为核心的导向转变。

组织架构扁平化，导致决策效率的提升。在新的宏观环境下，企业通过组织优化，拆掉"部门墙"，提升总部决策效率。同时使用多层级激励制度，充分授权一线业务部门，激发作战单元活力。

数字化转型对组织变革影响深远。借助信息化手段，形成"小前台+大中台"的任务导向型组织。相较传统的"金字塔"形的组织，打破专业、资历、职级壁垒，组成跨部门无边界小组，合伙共创高于既定业务目标的创新或增量价值。

二、企业不同发展阶段的组织能力发展特征

管理哲学之父查尔斯·汉迪在其著作《第二曲线》中写道，"'S'型曲线是每个组织和企业在预测未来时一定会参考的工具，一切事物的发展都逃不开'S'型曲线（第一曲线）"。第一曲线分别由两个点和三个阶段构成，其中的两个点是破局点和极限点，三个阶段是初创期、发展期和成熟期。

基于不断变化的外部环境，本节将以组织发展的三个阶段与两个关键点为基础，进一步揭示企业处于不同发展阶段的组织能力的特征。

（一）初创期组织能力的核心是"活下去"

处于这个阶段的企业的唯一目标就是生存。对于以销售驱动的企业，如何签单是当前第一要务；对于以产品驱动的企业，更多的应是思考并不断打磨与优化产品。企业在这个阶段的典型特征就是"人治"。此时企业规章制度和管理流程尚不成熟，主要依赖的是以创始人为核心的管理团队。其组织架构一般以直线职能制组织为主，人才主要靠外部获取，大浪淘沙，剩者为王。

在初创期与发展期之间有一个点就是破局点，能否突破这个点对企业而言至关重要。突破之后，企业将进入高速发展阶段；若没有突破，则将只是低质量操作的不断重复。互联网行业有句非常经典的话"不要重复造轮子"，因为造再多的轮子也无法组装成一台车。破局点既然这么重要，那么应当如何找到破局点？前英特尔CEO安迪·格鲁夫在《只有偏执狂才能生存》一书中指出，破局点通常和一个十倍速变化的因素成对出现。当某个单一要素呈现出十倍速增长时，即可以认为此点就是破局点。

（二）发展期组织能力的核心是"活得久"

处于这个阶段的企业的唯一目标就是稳定。随着企业规模不断扩大，竞争力不断增长，组织规模也随之不断扩大，专业化程度、内部分工、管理层级等进一步放大。组织架构一般以事业部制或矩阵制组织为主，不断通过内外部学习与发

展,建立人才培养体系,搭建完善的企业文化体系与治理架构。

在发展期与成熟期之间有一个点就是极限点,突破这个点的企业将进入快速规模化发展。极限点仍然与十倍速变化有关,当某个单一要素呈现出十倍速下降时,也就到了极限点。随着企业规模越来越大,管理难度也不断上升,导致边际成本不断递增。而市场经过多年发展,竞争越发激烈,逐渐趋于饱和,导致边际收益不断递减。

(三) 成熟期组织能力的核心是"活得好"

处于这个阶段的企业的唯一目标就是变革。随着企业规模不断扩大,容易带来机构臃肿、官僚气息严重、组织层级叠加、组织僵化等这些"大企业病"的特征。此时,大多数企业开始衰落,只有少数企业通过激烈的组织变革涅槃重生,进入可持续发展阶段。组织架构一般以流程型组织或生态型组织为主,处于这一时期的企业的人才基本已是"良将如云,弓马殷实"。在这个阶段,需要一位铁腕领导者坚定不移地推动企业由内而外的变革,势将变革进行到底。

三、组织能力发展陷阱

在提出组织能力发展解决之道之前,需要先了解到底是什么阻碍了企业组织能力的不断增长。之前两节从企业所处的内外部环境揭示了组织能力发展的规律与特征,本节将从企业自身视角,洞察组织能力发展过程中的陷阱。

(一) 组织能力发展陷阱之一:组织协同能力

在过去的企业管理中,一提到组织协同就会让人想到"1+1>2"的组织协同效应。企业通过不断加强内部业务单元与服务单元之间的关系,以获得整体利益大于各单元利益总和的方法。组织协同可分为外部协同与内部协同。所谓外部协同,是指产业价值链中的企业之间互相协同、资源共享,内部协同是指企业价值链中的主价值链与辅助价值链之间互相协同、资源共享;特别是"经济寒冬",很多商协会平台也会组织企业跨界整合,互帮互助、抱团取暖,形成强大的交互组织协同。

近年来,随着组织边界被无限放大之后,组织协同犹如"晕眩效应"瞬间被放大。但近期波士顿咨询(BCG)对全美 2000 多家上市企业的财务表现进行的一项统计数据，表明无论是经济稳定期，还是经济波动期，只有2%的企业能够在现有的组织架构、现有团队、现有的知识与资源下进行连续性创新活动，并取得商业成功，一直保持行业领先地位。

企业规模越大，组织协同成本越高。 企业规模越大，第一曲线越成功，更容易形成"大企业病"。经济学家曼昆经典之作《经济学原理》提到"规模经济"，指出"规模不经济"，原因是组织协同问题，大企业组织协同成本明显高于中小企业。

1975年，柯达的工程师Steven Sasson就在实验室内制造出了世界上第一台数码相机，可惜并没有引起柯达高层领导的重视，仅仅把数码技术用来改善胶卷的质量。2000年，柯达开始认识到数码技术的威力，谋求向数码技术转型。但是因为柯达所有的业务模式，包括组织架构都是基于胶卷而构建的，所以导致柯达组织转型举步维艰。

内部组织协同性越好，独立抵御外部竞争能力越弱。 跨界颠覆，这种"天外飞仙"式的终极杀招，一般企业是很难抵御的。克里斯坦森在《创新者的窘境》的中文版封面上这样写道："即使我们一切都做对了，仍有可能与成功失之交臂。面对新技术、新市场，往往导致失败的恰好是至善至美的管理。"正如大润发创始人黄明端在离职时，说了这样一句耐人寻味的话："赢了所有竞争对手，却输给了时代。"

原有团队之间在组织内部争夺有限资源，造成大量时间耗在"组织协同"。 企业资源是有限的，当各部门对资源要求高时，就会产生资源内耗。慢慢地就会出现企业中经常发生的协同的时间比处理事情的时间还要多。企业各部门之间就形成了资源冗余的情况，"部门墙"越来越厚。

2006—2009年，诺基亚的组织架构错综复杂，想要完成一个完整的研发过程对研发团队来说很难。当时一个研发团队试图改造老旧的塞班（Symbian）系统，而另一个团队则试图从头开始打造一个名为MeeGo的全新操作系统。时任诺基亚首席设计师的柯蒂斯说："为了得到内部支持以及高层关注等问题，花在政治斗争上的时间比花在设计上的时间多。"

（二）组织能力发展陷阱之二：心智模式

心智模式是一种长期的思维方式，可分为个人心智模式和组织心智模式。斯坦福大学著名心理学教授卡罗尔·德韦克在其出版的《看见成长的自己》一书中提出了一个定理，即人生的成功与心智模式之间存在必然的关系。企业领导者的心智模式决定了企业兴衰。领导力专家约翰·科特，在其著作《变革之心》中提出变革的真正阻碍，在于领导者的心智模式。

个人心智模式可以分为两种，一种是成长型思维，另一种是固定型思维。成功的人更倾向于使用成长型思维，即不断挑战自我，勇敢地面对失败，并能从失败中不断学习，最终找到成功的路径。而与之对应的是另一种思维方式固定型思维，拥有这种思维的人在同样碰见挫折时，更倾向于回避失败，不愿去正视困难。

组织心智模式表现为企业文化与氛围，可以通过改变企业文化与氛围来实现对于组织心智模式的改变。法国启蒙思想家法伏尔泰说过，"自私是永远存在的"，组织中每一个个体都是自己的边界，一旦过界他就会站在组织的对立面。看似组织中的每一个个体试图找到更大的利益共同点就是最好的解决方案，也就是常说的组织协同，但往往事与愿违，每次试图找到更大的利益共同点协同的方式，都以失败告终。因为自私是永远存在的，每个既得利益者对于利益的固守往往超出人们的想象。

面对组织能力增长的"囚徒困境"，不变等死，变了找死。如何通过系统性组织变革控制变革风险的同时，保持业绩持续增长，是值得企业深入探讨的问题。下面先通过一个案例，理解一下组织变革。

【案例阅读：诺基亚组织变革启示录】

10多年前，提起诺基亚可谓无人不知，诺基亚是一家总部位于芬兰的移动通信产品巨头。始创于1865年的诺基亚，刚开始以造纸业务为主，后期逐步转型到化工、天然气、制药、石油等多个领域。1871年，组建的诺基亚公司借助塞班系统，一度成为全球第一大手机厂商。

20世纪90年代初期，由于涉及产业过多而濒临破产，诺基亚的传奇人物约玛·奥利拉登场。两年内，诺基亚抱着壮士断腕的决心砍掉了所有通信之外的产品线，全力主攻移动通信产品。1996年以来，诺基亚手机连续14年全球销量第一。截至2007年，诺基亚的营收达到510.58亿欧元，营业利润达79.85亿欧元，净利润67.03亿欧元，市场占有率超过40%。同年，苹果公司推出第一款全触屏智能手机iPhone，2013年微软宣布收购诺基亚手机部门。

诺基亚是如何从曾经的全球第一大手机厂商沦落到被收购的境地的？在此主要从下面几个方面来说明。

◎ **组织**：组织激活方法论与实践2.0

1. 组织惯性

过去成功的经验可能会成为通向未来成功的绊脚石。有人认为，诺基亚的失败是源于技术落后，但根据诺基亚前开发经理阿里·哈克兰恩描述，早在2004年，诺基亚就已经研发出触控屏和3D技术，足以证明诺基亚是一家研发实力领先的企业。还有人认为，诺基亚的失败是源于错过了智能手机高速发展期，但在1996年诺基亚就推出智能手机诺基亚9000，比苹果iPhone手机领先10年以上。还有人认为，诺基亚的失败是源于看轻了移动互联网趋势，但在2007年诺基亚就在全球率先推出应用程序商店Ovi Store，比苹果App Store领先1年。芬兰经济研究院（ETLA）在分析诺基亚时给出这样的评价："诺基亚是一家非常追求高效并以成本为导向的企业，正是由于其核心能力太强，以至于无法回头。"2005年，诺基亚给供应商的订单超过2亿部手机的零部件，由于其采用标准化设计，零部件通用，所以低成本策略不断推动诺基亚发展壮大。强大的供应链管控能力，可以让诺基亚推出的1616型号的手机做到32美元，而具有相同功能的手机在美国需要302美元。但正是由于严格的成本导向，2004年研发出触控屏技术，由于后续还需要2亿研发费用投入，最后胎死腹中。这样就不难理解，诺基亚为什么会在2009年一次全球会议上提出要将一部手机的运营费用控制在1欧元之内这样极端的成本控制目标。

组织惯性对于诺基亚的影响是巨大的，当创新还处于萌芽阶段时，管理者很难看见其真正价值。由于前期往往需要大量的投入，相对于已经位于手机行业第一梯队的诺基亚管理层难免出现决策失误。创新真正具有巨大的市场价值是一个漫长的周期，产业链的既得利益者自然不会为了一个当时看来前途未卜的创新而倾其所有。

2. 僵化和官僚主义文化盛行

而曾经在20世纪90年代带领诺基亚走出困境的约玛·奥利拉在其回忆录《排除万难》中提到，当时诺基亚濒临绝境时，以奥利拉为首的五人决策团队以最快的速度解决所有问题，使诺基亚转危为安。而之后的官僚式文化在诺基亚盛行，在诺基亚审批流程很长，这样的流程被称为"全球最好的审批流程"，因为在这个过程中，每个人都可以发表自己的想法，而没有人迅速作出决策。

诺基亚前高级经理罕尼·里斯库在《新诺基亚》一书中提到这样一个例子：2007年，诺基亚收购全球最大电子地图厂商之一的Navteq。当Google地图、语音导航都已经免费时，Navteq仍在长期收费。

诺基亚实行的是以强业绩考核为主的管理模式，在该种管理模式下，一切都与短期业绩相关，缺乏对于中长期战略的布局。包括高管在内的所有人，都不敢公开承认技不如人。正如诺基亚一位前高管所说"诺基亚不能放弃塞班系统原因是打造新的系统尚需时日，而没有人敢对这个坏消息负责"。在这种等级森严的阶层文化中，每个人都报喜不报忧，导致企业离市场、客户越来越远。

僵化和官僚主义文化盛行，让诺基亚错过一次次组织变革的最佳时机，给予竞争对手超越的机会。

3. 没有做到真正的以客户为中心

科技以人为本这句话已经深入诺基亚每一个人的血液中，在设计产品时，诺基亚总是想方设法地了解消费者需求，并满足消费者需求。诺基亚的每一位设计师都要参与"情景设计"的培训，目的就是更好地了解与满足消费者需求。正是这样极致地满足客户需求的企业，为什么会输得这么惨？克里斯坦森教授在《创新者的窘境》中用了"破坏式创新"一词来区分与"延续式创新"的区别。诺基亚一直秉承"更好地满足消费者需求"的设计思想，导致其产品多为改良性产品，这是典型的延续式创新。而其竞争对手苹果一直秉承"引领消费者需求"的设计思想，导致其产品多为革命性产品，形成破坏式创新。

时代抛弃你时，连一声再见都不会说。在这个追求极致体验的时代，消费者需求更加多元化、个性化，而诺基亚对此的反应就是不断推出新的机型满足消费者多变的需求。诺基亚产品线极为丰富，拥有超过1000多个型号的手机产品，然而消费者并不买账。在外形设计上，中规中矩的直板机造型仿佛就是诺基亚手机的代名词，经常被消费者笑称为"科技以换壳为本"。相较于iOS和安卓系统，塞班系统开发极为复杂，且对于触控的支持并不好，经常被开发者诟病。在功能使用上，Wap浏览器已无法满足人们日益丰富的应用需求。

4. 战略决策失误

2006年，诺基亚传奇人物约玛·奥利拉卸任CEO，康培凯接任CEO一职。康培凯上任后，将智能机和功能机部门合并，导致诺基亚在智能手机时代失去主动权。在面临苹果和谷歌的竞争中，诺基亚没有充分认识到核心竞争力的缺失。2007年之前，诺基亚的巅峰时刻是完全有可能掌握手机生态系统的主动权的，但是时间窗口稍纵即逝。就在诺基亚失去一体化战略的时间窗口后，2008年苹果和谷歌开始着手打造手机生态系统，康培凯居然主导收购塞班系统，并主攻功能手机和低端智能机。

之前，诺基亚软件只是一个驱动硬件的工具，但移动互联网时代改变了这一格局。2010年，诺基亚董事会一致认为需要找一位具有软件开发与管理经验背景,且德高望重的领导者扭转之前的颓势。董事会一改往日由芬兰人做 CEO 的传统,选择之前负责微软 Office 的美国人史蒂芬·埃洛普。按照史蒂芬·埃洛普的"变革三部曲",首先是放弃塞班系统,转投微软;其次是加大对新兴市场的开发;最后是开发一款替代塞班系统的软件。

2011 年 2 月,诺基亚宣布放弃塞班系统,转用微软 WP 系统。市场一片哗然,诺基亚股票下跌 9.8%。为了彻底摆脱对于塞班系统的依赖,同年 4 月,诺基亚宣布史上最大规模的裁员计划,有近 7000 人离开诺基亚。除了塞班系统,同时被放弃的还有与英特尔共同研发的 Meego 系统。就 Meego 系统性能而言,其运行速度远胜于安卓系统,与 iOS 系统不分伯仲。随着微软与诺基亚达成战略合作,一款替代塞班系统的软件就这样胎死腹中。而对于诺基亚和微软的战略合作,谷歌副总裁维克·冈多特拉曾经这样评价"两只火鸡合在一起也变不成雄鹰"。尽管在一段时间内,诺基亚 Lumia 手机销量占据了 WP 系统手机超过 85% 的份额,但在智能手机时代已无法再现辉煌。根据市场研究公司 Gartner 分析,2012 年诺基亚销售智能机 3930 万部,较上年同期下降 53%。

从造纸业务起步到多元化业务再到手机行业,从全球第一大手机厂商到手机部门被收购,百年诺基亚手机部门的历程和兴衰为变革管理者勾勒出一个时代的变迁和一个强者的没落。

本章小结

◎ 优秀的组织能力离不开肥沃的成长土壤。

◎ 无论是 VUCA 时代背景还是宏观环境下引发的组织变革,都是基于外部环境变化,结合企业发展阶段、运营状态和内部资源能力现状等,实施组织变革来实现自己发展诉求,即"适应目前场景、谋求更好的发展"。

◎ 企业处于不同发展阶段时,其组织能力的特征是不同的。

◎ 组织协同能力与心智模式是阻碍企业组织能力不断增长的主要原因。

第二章 组织能力增长 Macho 模型

导读 管理学中有一个著名的帕金森定律,即随着组织规模的不断扩大,行政机构会像金字塔一样持续增加,行政人员会不断扩张,每个人都很忙,但组织效率却越来越低。僵化的组织在面临动态环境时,将注定失败或被淘汰。

一、组织能力增长 Macho 模型六要素

如图 2-1 所示,组织能力增长 Macho 模型包括六个要素,分别是组织文化、组织战略、组织顶层设计、未来组织形态、人才发展和组织能力活力曲线。如果把组织文化比作组织能力的增长之道,那么组织战略、组织顶层设计就是组织能力的增长之法,未来组织形态、人才发展和组织能力活力曲线则可称为组织能力的增长之术。

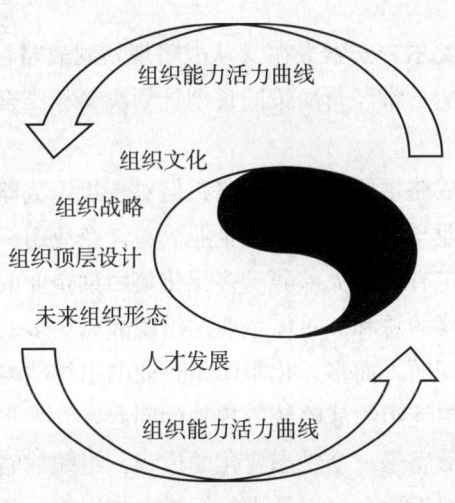

图 2-1 组织能力增长 Macho 模型

（一）组织文化

企业文化之父沙因说过："在组织的不同发展阶段，文化再造是推动组织前进的原动力，文化是企业核心竞争力。"VUCA时代正在改变企业生存和发展的商业逻辑，那些成长于过去30多年中国经济红利期，现在仍依赖于固有竞争手段和经验模式的企业，已面临困境，且规模越大、传统优势越明显的组织，受到的冲击越大。一个成功的组织文化必须与组织当前发展阶段相对应，**具有相对稳定性和动态性的特征**。

组织文化有其自身发展的规律，是一个扬弃的过程。组织文化犹如一枚硬币的两面，既有积极的正面激励作用，也有消极的反面阻碍作用。与企业生命周期一样，组织文化也有初创期、成长期、成熟期、衰退期。当组织文化处于初创期时，对文化的认识非常重要。随着对文化认识的加强，如何将文化落地并融入日常管理工作中，做到"虚事实做"是组织文化成长期、成熟期的重点工作。本书将通过组织文化再造的三个步骤与六个阶段，为企业重新激活组织活力。并通过组织文化落地"三部曲"与"三板斧"，将新的文化与员工日常行为和日常管理活动融为一体，进一步增强企业核心竞争力。

组织氛围的好坏直接影响员工士气及工作满意度，是组织是否健康的集中体现。**能否营造良好的组织氛围也是组织文化能否落地生根的关键**。

（二）组织战略

战略管理鼻祖伊戈尔·安索夫在《从战略规划到战略管理》一书中提出企业战略管理是指将企业的日常经营决策同长期计划决策相结合而形成的一系列经营管理业务。

本书所指的组织战略主要是企业战略，但对于组织战略的划分，则按组织类型分为两类，单体企业与多元化集团型企业。单体企业组织战略与多元化集团型企业的组织战略的制定有着很大差异。**多元化集团型企业的组织战略并不等于下属各业务单元组织战略的总和**。单体企业的组织战略更多的通过纵向资源拉通来考虑企业自身发展的问题，而多元化集团型企业的组织战略更多的是通过横向资源拉通来考虑各业务单元组织战略统筹规划的问题。

组织战略和组织形态是一个动态变化的过程，组织战略的变化会导致组织形态的变化，重新设计组织形态可以促进组织战略的实施。孤立地去设计组织形态或制定战略都是无效的，只有把两者视为一个有机的整体，才能推动企业战略目标的达成。

(三) 组织顶层设计

战略管理大师迈克尔·古尔德等人在《战略与风格》中提出企业集团的三种战略文化偏好,经过多次演变被运用于集团管控类型的划分,形成集团管控三分法理论。集团管控三分法理论成为至今沿用最多的管控模式划分方法论。本书在组织顶层设计一章,提出集团管控三分法是一种文化偏好或管理风格,而并不是一种管控模式。**集团管控理论的核心就是让集团从外延式的扩张转到内涵式的增长,简单来讲就是追求"母合优势"**。集团管控体系的设计主要有三个步骤,首先,解读组织战略及找到管控现状存在的主要问题,在此基础上结合母合优势明确集团总部价值创造及组织功能定位;其次,对集团总部与下属企业治理模式进行设计,并以此进行组织设计;最后,梳理集团总部与下属企业之间的权责体系与核心管控流程,推动集团整体业务战略的贯彻实施,以此实现业绩管理体系。

近年来"黑天鹅"事件频发,从安然事件到国美电器股权之争,再到宝万股权之争,企业治理一直是社会各界关注的焦点。目前主要的治理模式分为三种,分别是英美治理模式、德日治理模式、东南亚治理模式。治理模式的形成,都与当时的文化历史、经济水平、法律法规的制约有很大关系。所以,没有绝对的好与不好之分,**企业治理的本质是股东、董事会、经理层之间使用的权力制衡机制**。

(四) 未来组织形态

随着竞争环境变得日趋复杂,组织形态也随之发生了巨大的变化。著名的管理学大师查尔斯·汉迪曾经这样预测,大企业会更加"空心化",自上而下的、紧密封闭的条状架构会被一种更加松散的网状组织形态所取代。本书在未来组织形态一章,从标杆企业的组织变革及近期管理学界讨论比较多的未来组织形态(包括平台型组织、生态型组织、网络型组织等)的视角出发,揭示其核心与基础都是流程型组织,并围绕企业如何建立流程型组织展开。

组织发展呈现扁平化、无边界、数字化的特征,其内核都是流程型组织。因为流程型组织是真正以客户视角、流程方式来驱动组织端到端的管理的。

(五) 人才发展

战略与组织确定之后,人才就是决定的因素。人才发展是企业人力资源管理工作中非常重要的一部分，企业是否有决心、有资源投入，决定了其人才发展工作的成绩。

人才地图可以助力企业建立有效的人才选拔与培养机制，也可以助力企业人力资源决策，确保人力资源工作的产出和成果，成就企业成为人才驱动型组织。

基于企业内部人才地图分别从四个维度：人才选拔任用（选对人才）、人才培训培养（发展人才）、人才绩效管理（评估人才）和人才薪酬激励（激活人才）来发展企业人才梯队建设，激活组织活力。

（六）组织能力活力曲线

要找到组织能力的活力曲线，首先要知道为什么组织会变得越来越没有活力。根据热力学第一定律（能量守恒定律）和热力学第二定律（熵增原理），可知世界上的一切事物都经历着从有序到无序，最终灭亡的过程。企业发展也离不开熵增原理，即熵由低到高，最终走向混沌。一个物体要克服熵增需要三个条件：开放性、非平衡、持续与外部环境进行交换（能量、物质、信息）。

既然熵增是导致组织越来越没有活力的主要原因，那么如何通过反熵增来激活组织活力，是企业需要思考的问题。这时候需要通过组织变革的推动，来重新激活组织活力。**根据企业组织变革最佳实践，可以得知组织能力变革"三板斧"：先僵化，后优化，再固化。**

《重新定义公司》一书中也提出："未来组织最重要的功能不再是传统的管理或激励，而是赋能。"组织能力变革"三板斧"，更多的是从理念层面推动组织能力变革，但具体要怎么做，笔者认为还是要通过赋能来激活组织活力。在组织能力的活力曲线一章，笔者将围绕如何建立赋能型平台、赋能型组织、赋能型团队，最终实现激活组织活力展开论述。

二、组织能力增长 Macho 模型的运作机制

对于组织能力增长 Macho 模型的研究，旨在通过组织能力的不断增长，让组织内部形成"永动机制"。组织能力增长 Macho 模型的"永动机制"可概括如下：首先，组织文化决定组织战略，通过组织文化再造推动组织战略升级。其次，组织战略决定组织顶层设计与形态，通过升级，组织战略改变了原有僵化的组织顶层设计与形态，建立以客户为中心流程驱动的端到端组织形态。再次，本

来组织形态会影响人才的发展，人才是支撑企业可持续发展的关键。做到这一步基本上就解决了文化—战略—组织—人才的升级与统一，对于企业传统业务与现阶段发展而言是完全适用的。但当企业面临创新业务或进入新的发展阶段时，原有的组织能力第一增长曲线已经到了极限，需要通过组织能力活力曲线，激活组织活力，产生组织能力第二增长曲线。组织能力第二增长曲线再产生新的组织文化、新的组织战略、新的组织设计与形态、新的人才发展，并由此循环往复，通过不断升级与迭代，让组织持续充满活力。

三、组织能力增长 Macho 模型创新点

华为任正非在《成功不是未来前进的可靠向导》一文中指出华为过去的成功能否代表未来的成功？不见得。成功并不是未来前进的可靠向导。成功带来的经验主义，可能导致企业步入陷阱。唯有不断地变革，才能使企业保持活力。

组织能力增长 Macho 模型在设计之初，基于上述的问题，旨在形成组织变革六个要素的统一，进而从根本上解决组织能力无法有效增长、组织活力无法激活等问题。

共同的变革：通过组织能力增长 Macho 模型，组织变革不再是高层领导等几个人或某一部门的变革，而是让企业所有利益相关者共同参与、推动组织变革的过程。

共同的语言：组织能力增长 Macho 模型的六大要素使用同一个思考工具、采用统一的思维模型，使大家有了共同的组织变革描述语言。

共同的目标：通过战略—组织—个体之间的传导，以组织活力"四张地图"为手段，来保证企业上下同欲，团队"利出一孔，力出一孔"。

共同的承诺：组织能力增长 Macho 模型得出的结论，是大家共同研讨的成果，相关责任人已达成共识，并做出相应的承诺。

共同的结果：与其他组织及先进企业对比，指导企业组织管理能力向先进水平看齐。通过赋能激活组织活力曲线，让组织成员共同参与，共同面对市场结果。

共同的价值观：企业通过组织能力增长 Macho 模型，自始至终都在为团队营造以客户为中心、开放创新、团队协作等核心价值观。

本章小结

◎ 组织能力增长 Macho 模型包括六个要素，分别是组织文化、组织战略、组织顶层设计、未来组织形态、人才发展和组织能力活力曲线。

◎ 组织能力增长 Macho 模型共有两条增长曲线，第一条增长曲线实现了文化—战略—组织—人才的升级与统一，第二条增长曲线（组织能力活力曲线）实现了重新激活组织活力。

◎ 组织能力增长 Macho 模型的底层逻辑就是让组织变革形成一种文化，让组织变革形成一种习惯，让组织变革形成一种常态。

第三章 组织文化

导读 学习型组织之父,《第五项修炼》《变革之舞》的作者,当代最杰出的管理大师之一彼得·圣吉曾说过,人总是要有点精神的,一个企业也是如此。正是由于组织文化的存在,才能统一员工的思想,引导员工的行为,产生巨大的凝聚力。企业是一个有生命的组织,如果它没有思想、文化和灵魂,也就失去了生命。

孔子在《论语》之宪问篇中说道:"君子之德风,小人之德草,草上之风必偃。"这段话如果转换为企业管理语言,意思便是管理者的行为就像风一样,而员工的行为就像草一样,风往哪个方向刮,草必定往哪个方向倒,强调了管理者做好垂范表率的重要性。

一、组织文化在不同发展阶段的主要表现

企业处于不同的发展阶段,组织文化也会随之呈现出一个开放的、可持续的、动态的发展过程。不同发展时期的组织文化的核心表现是不同的,一般可分为四个阶段,分别是初创期文化、成长期文化、成熟期文化和衰退期文化。

(一)初创期的组织文化主要表现为一种"生存文化"

企业处于生存期主要工作都是围绕销售展开,靠销售不断鼓舞团队士气。这一时期,企业的经营绩效主要以销量为主,业绩好的员工就是企业"英雄"。外部市场存在很多机会,创始人团队通过不断发现机会,使企业获得发展。处于这一阶段的企业的产品和服务还需要打磨,唯一不变的就是变化。所以管理上人治色彩非常浓厚,决策权高度集中。例如,有些初创期企业的组织文化为"可信、亲切、简单",之所以提出这一文化,因为这是当组织面临各种问题存在不同的意见时,降低沟通成本,减少内耗的最优方式。这个阶段的组织文化更多的是表

现在"工作理念"层面。

(二)成长期的组织文化主要表现为一种"进取文化"

企业处于高速发展期的主要工作从单一销售转向对资源与能力的建设。成长期的组织文化是一个量变的过程。这一阶段主要是精神文化逐渐形成的过程,组织文化不断吐故纳新,兼收并蓄,逐步成型。同时,随着创业成功以及企业不断发展,组织文化逐步形成一套属于自己的理论体系。例如,有些成长期企业的组织文化为"激情、开放、创新、专注"。之所以提出这一文化,是为了解决业务发展迅猛,员工不断增多,但其文化理念、思维方式和工作背景不一致的问题。这个阶段的组织文化已经从"工作理念"层面上升到"组织引领"层面。

(三)成熟期的组织文化主要表现为一种"共识文化"

企业处于成熟期的主要工作是不断积累以使其趋于稳定。受外部环境不断变化的影响,企业成熟期的组织文化建设由量变产生质变。此时企业的组织文化理念已经相当完善,员工基于长期对组织文化的共识与认同,形成了行为方式与价值观等共同的特征。

(四)衰退期的组织文化主要表现为一种"僵化文化"

企业处于衰退期时,组织往往会变得僵化,表现为工作效率低下,现有的组织文化已不能适应环境的变化,需对原有的组织文化进行重新调整与再造。

二、组织文化再造与落地

通过组织文化在不同发展阶段的主要表现,可以揭示组织文化背后发展的规律。结合组织文化评估框架,也能够发现企业现阶段组织文化发展过程中的主要问题。再使用组织文化再造的三个步骤与六个阶段,逐步完成组织文化再造。最后将再造后的组织文化,通过组织文化落地"三部曲"与"三板斧",落地到企业日常经营管理实践中,加速组织战略转型与升级。

(一)组织文化评估

对于组织文化的评估可以参考图 3-1 进行。

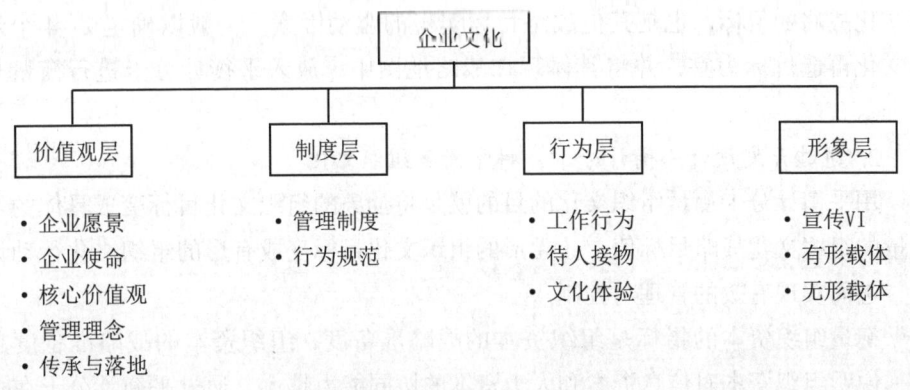

图 3-1 组织文化评估框架

组织文化评估框架说明：

（1）价值观层主要从企业愿景、企业使命、核心价值观、管理理念、传承与落地等维度评估。

（2）制度层主要从管理制度、行为规范等维度评估。

（3）行为层主要从工作行为、待人接物、文化体验等维度评估。

（4）形象层主要从宣传VI、有形载体、无形载体等维度评估。

（二）组织文化再造的三个步骤

1. 利用战略地图确定绩效因果关系，描述并开发组织文化

管理学大师彼得·德鲁克说过："如果你不能衡量，那么你就不能有效增长。"描述组织文化是组织文化再造的第一步。那应该如何描述组织文化？那就要搞清楚组织文化与愿景、使命、价值观、长期股东价值、客户价值主张、内部运营、学习与成长之间的因果关系。如何检验战略地图是否清晰地描述了组织文化？第一，看其有没有清晰描述出执行战略需要的文化；第二，看其有没有清晰地描述出组织目前缺乏，且亟须开发的文化；第三，看其有没有清晰地描述出与企业愿景、使命、价值观一致的文化。

平衡计分卡创始人卡普兰和诺顿认为，开发组织资本战略的第一步是确定主要战略所隐含的变革议程，这一变革确定了战略要求的组织氛围转变。这里的组织氛围转变其实就是描述组织文化变革。

组织文化再造有两个出发点，一是以股东、客户等利益相关者创造价值所需的文化为出发点，另一个是以执行战略所需的文化为出发点。这两个出发点是组

织文化战略的目标，也是其他战略目标实现的驱动因素。一般以确定2~4个组织文化再造目标为宜，并将其体现在战略地图中，放入平衡计分卡进行衡量与管理。

2. 通过开发设计平衡计分卡，科学衡量组织文化

用平衡计分卡衡量组织文化的目的就是将抽象的组织文化目标变成具体的可衡量的组织文化战略目标值，让无形的组织文化目标变成有形的组织文化行动计划，进而实现有效的管理与控制。

衡量组织资本的指标是组织资本的战略准备度。组织资本的战略准备度越高，说明组织资本对信息资本和人力资本的协同能力越大。通过平衡计分卡在企业、组织、个人层面的层层分解与承接，最终形成与员工息息相关的衡量指标。

3. 运用平衡计分卡战略管理体系，推行组织文化管理

平衡计分卡创始人卡普兰和诺顿在其著作《平衡计分卡战略实践》中提出了实现卓越绩效的管理工具，这对于组织文化再造提供了非常好的落地指引。

（三）组织文化再造的六个阶段

1. 战略规划阶段

这一阶段主要任务是明确组织文化（愿景、使命、价值观），指导企业下一步做什么，实现组织文化（愿景、使命、价值观）对组织战略的指导与牵引作用。

2. 描述战略阶段

这一阶段主要任务是描述与衡量组织文化，并通过制订组织文化指标及具体行动计划，指导组织文化落地执行。

3. 协同组织阶段

这一阶段主要任务是梳理组织文化在企业横向、纵向的协同，使组织文化得以协同实施。

4. 规划运营阶段

这一阶段主要任务要重点关注组织文化日常运营的协调与沟通工作，做好组织文化的培训及执行，关注组织文化目标、指标及流程改进情况，营造组织文化所需的氛围。

5. 监控和学习阶段

本阶段主要任务是运用"运营回顾会""战略回顾会"对已经完成的组织文化相关目标、组织氛围及员工行为态度的改变情况进行监控，并对组织文化持续

学习与研讨。

6. 检查与调整战略阶段

这一阶段主要任务是通过"战略检验和调整会议",对组织文化相关指标执行情况等进行阶段性检查。当战略发生变化,需要重新设定组织文化发展目标,及时调整平衡计分卡,以适应新战略的要求。

(四) 组织文化落地"三部曲":入脑、入心、入行

1. 组织文化落地"三部曲"之入脑

(1) 沟通渠道。对组织文化的初步认知是借助于文化传播、沟通渠道实现的。纵向的文化沟通是指企业管理者提出的观念、方法、目标形成了员工普遍共识。横向文化沟通,既有企业内部平级部门之间的文化沟通,又有面对企业相关利益者的文化沟通。

组织文化沟通渠道可分为正式沟通渠道及非正式沟通渠道。正式沟通渠道侧重于惯性培训机制的建立与执行,如建立常规的组织文化培训计划,设计系列培训课程并组织实施。最终养成符合组织文化理念的思维方式和处理工作的方法论、价值观。可利用的内部传播网络包括会议、员工手册、内部媒体、研讨交流等。非正式沟通是指在组织正式信息渠道之外进行的信息交流。当正式沟通渠道不畅通时,非正式沟通就会起到十分关键的作用。

(2) 企业物质文化。企业物质文化就是把企业理念融入企业标志、建筑、环境等具有代表性的标志,在员工的频繁接触及真实感受下给予员工潜移默化的影响。

2. 组织文化落地"三部曲"之入心

(1) 干部引领。著名的"企业文化理论之父"沙因在《企业文化与领导》一书中指出:"管理者唯一要做的就是创造和管理文化,最重要的能力就是影响文化的能力。"干部是组织文化传承和践行的责任主体。作为管理干部,必须带头践行组织文化,不能仅仅停留在认可、传承组织文化层面,更重要的是身体力行、以身作则,在实践中为员工作出表率;同时也要做好自己所在组织或部门的下属员工的组织文化传承赋能和遵从监督工作;通过开展干部的自我批评活动,使干部能够更好地审视自己,营造开放的组织氛围。

(2) 制度配合。制度是躯,文化是魂;制度为刚,文化为柔;制度若形,文化若神。二者的结合方能使企业躯魂合一,刚柔并济,形神兼备。制度作为企业政策,是企业文化及核心价值观落地的重要载体,也是支撑企业未来发展的最重

要的软实力。通过建章立制和制度设计,可以有效规范企业内部行为,明确责权利。同时,要确保制度能够严格地贯彻执行,并将已不适应的制度进行及时的调整和修订。

作为制度文化的一部分,员工行为规范是对员工日常行为的约束。员工行为规范应明确提出企业所倡导、反对或禁止的行为及企业的"高压线"。同时,要建立员工行为规范的检查、监督或惩罚机制。制度配合具体体现在补偿和奖励以及考核和评估两大方面。

3. 组织文化落地"三部曲"之入行

(1)榜样的力量。榜样是价值观的人格化,体现出组织力量,榜样对人起着引导和鼓励的作用。

(2)仪式活动。文化仪式活动是企业根据自身文化,按照一定的标准与程序而做出的一套行为。作为组织文化的一种体现,仪式活动不仅有效传播了组织文化,而且对员工的行为也起到了规范性作用。组织文化仪式的活动方式多种多样,如围绕组织文化总结经验、讲好组织文化故事等。

(3)文化引导。对新入职员工(包括校招、社招)进行专门的文化引导培训;参照标杆企业在新员工文化引导方面的经验,强化新员工的文化引导工作。

(4)专题研讨。对于在职员工,应围绕组织文化开展专题研讨,帮助在职员工更好地认知组织文化;企业各部门也可根据升级后的组织文化开展文化大研讨。

(5)案例库管理。对于全体员工,可以将案例输出与内部员工职位晋升结合起来;同时,对优秀案例输出者进行奖励(如优秀案例奖)。

(五)组织文化落地"三板斧":宣传、传承、践行

1. 组织文化落地"三板斧"之宣传

构建组织文化宣传阵地,采取多种宣传方式,以可视化的方式展现组织文化及核心价值观;尽量用员工喜闻乐见的方式予以呈现。

2. 组织文化落地"三板斧"之传承

重点抓好企业新员工的文化引导培训,针对老员工,开展系列赋能研讨,强化文化运用,要把文化落到组织、制度和流程中。

3. 组织文化落地"三板斧"之践行

核心价值体系践行体现在各级干部和员工的工作中,培养努力践行企业核心价值体系的同路人,有效管理不认同企业核心价值体系的干部和员工。

【案例阅读：BY集团企业文化再造与落地】

BY集团是一家集医药工业、医药零售连锁、产业投资、健康地产等于一体的综合性健康产业集团。目前，集团旗下拥有36家成员企业，整体营业收入超百亿元。

为了从经验管理走向科学管理之路，BY集团正在不断追寻进步和自我超越，甚至是文化管理过渡。在最近十年的企业高速发展过程中，BY集团先后有多个企业文化版本。但不同的企业文化版本造成了宣传口径不一致，使员工，特别是新进员工认知不清晰。因此，其企业文化版本急需调整与统一。

BY集团企业文化手册

第一章 文化的力量

一、构建一个共同奋斗的平台

BY集团立志成为世界级的企业，其长远发展必须依靠志同道合的人走到一起。志同道合，就意味着BY集团人必须拥有共同的愿景、使命和核心价值观，这才是BY集团能够基业长青的重要保证。BY集团过去20多年波澜壮阔的历程，正是每一位BY集团人共同奋斗的成果。我们欣喜，但并没有止步于功劳簿上的志得意满，BY集团人当"不念过往，不负当下，不惧未来"。百战归来，枕戈待旦的BY集团人仍将敢于直面新的挑战，敢于迎接更大的胜利。

我们企业文化的核心就是让愿意与BY集团共同成长、追求卓越的人凝聚在一起，共同把BY集团构建成为一个可以毕生奋斗、成就事业的平台。

人类历史上很多变革，究其实质并不是一种利益战胜另一种利益，而是一种理念战胜了另一种理念，也可以说是理念战胜了利益。许多重大的成功表面上看似乎是利益的成功，实际上却是思想理念的成功。

就个人而言，我们都知道"位置决定思维"，即一个人处于什么样的位置就说什么样的话，做什么样的事；反之则是"思维决定位置"，即一个人有什么样的想法，会直接影响他（她）说什么、做什么、追求什么，最终决定了一个人将来会处于什么样的职场位置，走一条什么样的人生道路。

"人生而不同"，人生的成功与否并不仅仅取决于个人的能力，最重要的是，为自己选择了什么样的发展平台，和谁一起奋斗，每一天影响自己、指导自己的是什么样的思想和理念。

BY集团已经有能力放眼世界，未来将更密切地与全球最优秀的企业一同竞技、一同发展。作为 BY 集团的一员,你对自己的未来如何选择准备好了吗?

二、使命、愿景、核心价值观与企业精神

从"使命、愿景、核心价值观"这三个角度来看,BY 集团的企业文化才会更为清晰具体。企业使命就是指出 BY 集团该做什么,企业愿景就是说明 BY 集团该到哪里去,应该成为什么样的企业。清晰的使命和愿景,能够激励人心,能够给员工明确的方向和奋发的动力。

企业核心价值观是对价值取向进行选择和排序的最高标准,是指导企业制度(体制、机制)设计和员工行为的最基本原则,它明确指出了一个企业提倡什么、反对什么。核心价值观存活于企业每一个实际运行的机制中,它可能是显性的也可能是隐性的,可能是无形的也可能是有形的,它是一种潜移默化的习惯,最终体现在每一个管理者和员工的行为中。企业精神以核心价值观为基础,是企业全体员工心态、意志和思想的体现,客观地反映企业"精、气、神"的外在面貌。BY 集团的发展宗旨,体现在真正为客户、员工、股东、社会创造和传递价值的过程中,体现在业绩的可持续增长上,落地于管理者和员工的业绩获取和考核方式上,这需要"既问成败,也问是非"。业绩目标达成与否,是个"成败"问题;如何完成,是个"是非"问题,这要求企业必须按照其核心价值观认可的方式来实现业绩的增长。

BY 集团对于企业管理者的选拔,除了要看业绩目标的完成情况外,还要看其对核心价值观和企业精神的认同和践行,要看其身边能否培养和凝聚更多优秀的人才。这就指出了 BY 集团企业文化的作用:一是服务于战略目标的实现和落地,二是用于指导管理者、员工的行为规范和操守。

三、管理者是文化落地的关键

推进文化落地是自上而下每一层组织管理者的主要使命和重要责任。文化传播是各级管理者都应当承担的责任。这就明确了一个重大原则,企业文化的建设以及落地,不仅是企业文化职能部门的责任,更主要是各级组织一把手的责任。这也说明企业文化绝不是办个刊物、搞个活动那么简单。

一般情况下,什么样的领导行为就会促成什么样的管理行为,而什么样的管理行为又会促成什么样的员工行为。员工行为就是领导行为的放大,这种关联度甚至要远高于员工行为与制度之间的紧密性。因此,各级管理者自上而下的以身作则和率先垂范一定是文化落地工作最根本的前提,说到底,就是要各级管理者带头做到:真心、真信、真学、真做、真坚持。

BY 集团文化体系中的使命、愿景、核心价值观、企业精神、管理理念等,

必须要自上而下，合众人之力，才能在企业的经营管理和组织变革中发挥关键作用。

第二章　使命、愿景、核心价值观

使命：用心呵护人类健康。

愿景：打造中国最具核心竞争力的生命健康产业集团。

核心价值观：客户至上、开放创新、奋斗为本、合作共赢。

第三章　企业精神

艰苦奋斗：艰苦创业、奋斗自强的"奋斗者精神"。

坚韧不拔：专注目标、坚定不移的"事业者精神"。

创新求变：开拓进取、创新发展的"创新者精神"。

勇于胜利：追求成功、注重结果的"成功者精神"。

第四章　管理理念

简明高效：管理的孜孜以求在于永无止境的效率提升。效率意味着执行力，效率意味着生产力。低效率工作就是职务懈怠，BY集团拒绝低效率。管理的最高境界在于把复杂的事情简单化，化繁为简是一种卓越的管理能力。

流程清晰：清晰的流程意味着企业"血管"的畅通，也是企业高效运转的基础保证。

持续改善：没有最好，只有更好，企业能力的提升在于持续不断地自我完善、自我修炼，持续改善既是一个企业生存发展的需要，也是企业的永恒目标。

自我驱动：BY集团提倡人性化管理，努力打造自我驱动、自我实现的事业平台，鼓励BY集团人走出舒适区，实现职业梦想，创造人生价值。

BY集团的企业文化落地（节选）

BY集团在实现企业文化落地期间，发起了集团内部的"文化大讨论"，将企业文化和品牌文化进行了有效融合。设计了文化建设方面近三年的重点工作内容和几个年度的文化传播主题。

同时，推进Open Day、政策解读、荣誉奖券等"速赢点"的落地，设计大量的文化体验点帮助BY集团将升级后的文化要求融入人力资源政策与制度中，为人力资源战略与组织文化升级的有效落地提供了帮助。

◎ **组织**：组织激活方法论与实践 2.0

针对升级后的 BY 集团企业核心价值观，制订了文化落地的策略、规划框架（见图 3-2）和详细计划，以确保企业文化能运用于人才招聘、干部选拔、员工行为管理、荣誉管理等制度和流程之中，使其落地生根。

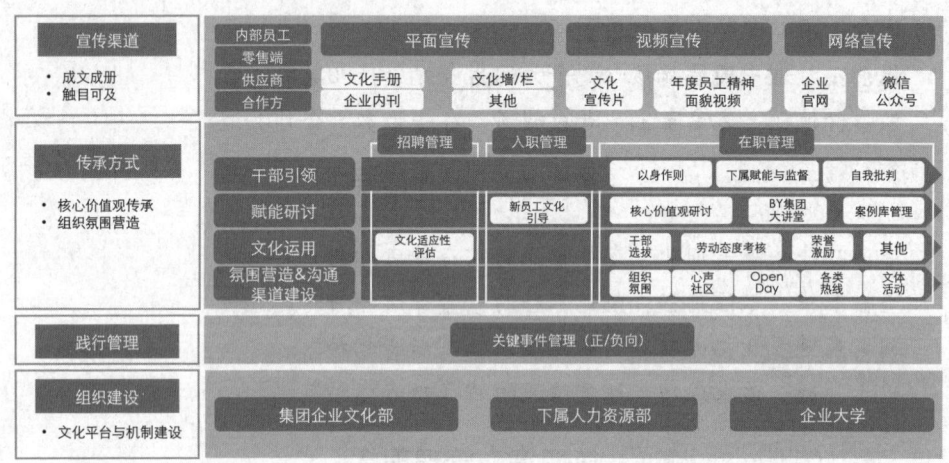

图 3-2　BY 集团文化落地规划框架

图 3-3 所示为 BY 集团文化落地氛围营造与沟通渠道建设。

关键举措	具体要求及说明
组织气氛调查	• 频度：每年组织一次，特殊情况下也可临时组织； • 针对调查结果，要求各品牌、业务单元制定改善措施
BY社区	• 建立一个员工沟通交流平台
Open Day活动	• 员工访谈日、家属访谈等
各类热线	• 根据BY集团现状及必要性，建立员工咨询和投诉渠道，并公布
文体活动	• 制订年度文体活动计划，增强员工体验和归属感

构建畅通的沟通渠道：
- 例行开展组织气氛调查
- 定期组织民主生活会
- 员工访谈
- 老专家Open Day活动
- CEC投诉热线 / 人事服务投诉 / 建议受理热线 / 绩效评定申诉信箱 / 采购投诉/举报信箱等
- MFP反馈会、定期开展自我批判会，等等

图 3-3　BY 集团文化落地氛围营造与沟通渠道建设

三、组织氛围

组织氛围通俗地讲就是员工在企业工作的感觉。研究发现，一个组织的绩效30%~40%取决于组织氛围，在良好的组织氛围中，员工可发挥80%~90%的能力。

通过组织氛围调查，从六个维度与四个评级相对客观地对组织氛围做出评估。同时，围绕组织氛围六大关键改善点与改善计划"四部法"，定期进行回顾与检讨，不断优化组织氛围改善计划。通过组织氛围图（示例见图3-4）的绘制，结合组织文化重组与落地，在企业内部通过反复的沟通、宣传、绩效评价、薪酬激励等措施来强化这种氛围，让组织始终保持高效状态。

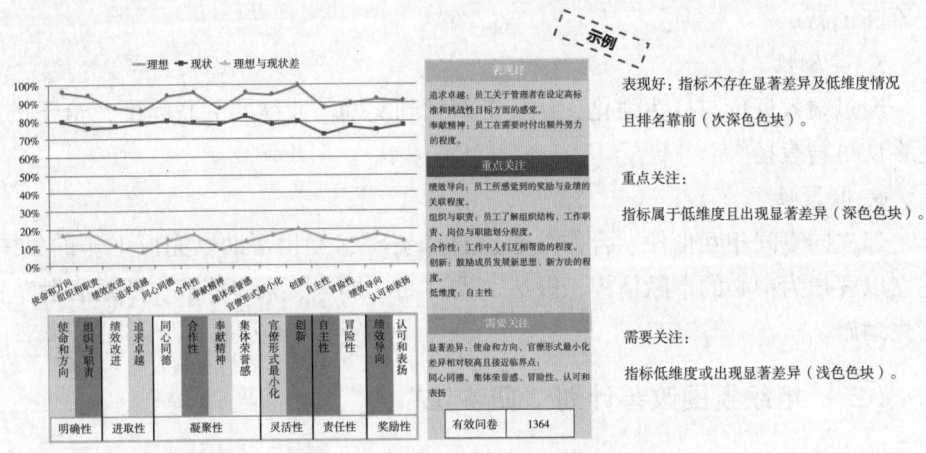

图3-4 示例：组织氛围图

图3-4中，深色色块表示应重点关注的内容，其指标属于低维度且出现显著差异；次深色色块表示表现好的内容，其指标不存在显著差异及低维度情况且排名靠前；浅色色块表示需要关注的内容，其指标低维度或出现显著差异。

组织氛围调查有很多工具，如盖洛普Q12测评法、原合益（HAY）组织氛围调查等。本节主要围绕明确组织氛围的关键改善点与制订组织氛围改善计划。本书使用组织氛围调查为合益（HAY）组织氛围调查问卷，具体统计分析方法，由于篇幅关系不做过多介绍，感兴趣的读者可以自行搜索相关资料。

(一)组织氛围六大关键改善点

1. 明确性

明确组织的愿景和目标,明确个人目标和组织目标的关系,明确组织结构、工作职责、岗位与职能划分。

2. 进取性

建立良好的绩效沟通与改善计划,有效激励员工主动提出高于既定业务目标的创新或增量价值。

3. 责任性

通过授权让员工在责权范围内,不用请示上级就能顺利开展工作,鼓励员工在风险可控的情况下,不断创新与突破。

4. 灵活性

制定相应的规则与例外,减少不必要的步骤、政策、流程、规定等,激发员工不断创新。

5. 奖励性

通过绩效评价与行为强化,让员工感觉到奖励与业绩的关联程度,给予员工更多认可与表扬。

6. 凝聚性

建立同事间相互信任、合作共享信息和资源、互相帮助以完成工作的氛围,建立以客户为中心的奉献精神,锻造一支"召之即来、来之能战、战之必胜"的精兵劲旅。

(二)组织氛围改善计划"四步法"

第一步:了解员工的真实想法,找到问题产生的真正原因。
第二步:根据原因,集思广益,制定改善计划表。
第三步:执行改善计划,促进组织氛围的真正改善。
第四步:定期回顾与检讨,优化改善计划。
表3-1所示为组织氛围改善计划表。

表 3-1　　　　　　　　组织氛围改善计划表

主要问题：_____

行动	负责人	发生频率	起始时间
评测目标			

本章小结

◎ 组织文化是企业长期生存与发展的核心底层逻辑，会随着不同时代背景和宏观环境、企业所处的不同发展阶段、企业拟进入的行业与市场等做出相应的调整。

◎ 组织文化落地的关键在于核心价值体系的传承，通过优秀的文化基因牵引企业持续成长，使其基业长青。所以，核心价值体系的传承和践行是组织文化建设的重点和关键。文化落地要紧紧围绕干部和员工核心价值体系的传承、践行来展开工作。

◎ 组织文化落地"三部曲"：入脑、入心、入行。先入脑，再入心，最后入行。最终形成从认知、认同到固化的内化过程。

◎ 组织文化落地"三板斧"：宣传、传承、践行。宣传和传承是践行的前提，践行体现在企业各级干部及员工的工作和行动中。

◎ 组织文化是动态发展的，通过组织文化再造与落地，形成组织文化上的"知行合一"。

◎ 企业应围绕组织氛围六大关键改善点与改善计划"四步法"，进行定期回顾与检讨，不断优化组织氛围改善计划。

第四章 组织战略

导读 对于组织战略的划分，按类型可分为单体企业与多元化集团型企业组织战略。在此需要说明的是，单一业务的企业规模再大，业务与管理复杂度再大，下属业务单元（分子公司）再多，本质上依然是单体企业。但单体企业内部一旦有不同类型的业务单元时，就应该按多元化集团型企业进行管控。本章主要按制定单体企业与多元化集团型企业组织战略的方法论分别展开。

一、单体企业组织战略

单体企业组织战略的制定过程往往是一种静态资源组合过程。制定单体企业组织战略的第一步就是战略分析的"五看"（看行业、看市场、看客户、看竞争、看自己）。第二步，在"五看"的基础上，通过三种基本竞争战略（成本领先战略、差异化战略、集中化战略），进一步明确单体企业的战略方向。明确战略方向之后，进行商业模式设计或重构，确定企业独特的价值主张。第三步，将企业独特的价值主张反映在企业的研、产、供、销的主价值链上，这些主价值链加上三大支撑价值链（人力资本、信息资本、组织资本），就形成了单体企业组织战略。

三种基本竞争战略也存在两种竞争战略并存的理想状态，即成本领先兼顾差异化和以成本领先扩张、以差异化立足。

1. 成本领先兼顾差异化

当企业规模处于行业领先地位时，无论从市场占有率、品牌、技术，还是影响力等方面，竞争对手短期内都很难替代其地位时，应该不断降低产品成本，以提升其差异化形象。

2. 以成本领先扩张、以差异化立足

当一个新兴产业前期的竞争格局尚未正式形成时，企业可以通过低成本迅速占领市场,但必须清醒地认识到仅靠低价与占有先机的市场,终将被资金实力雄厚或价格更低的竞争对手,或具有同样功能产品、质量更好的竞争对手打败。所以企业以低成本迅速占领市场的同时,一定要注重产品质量、品牌形象、服务水平等,树立企业差异化特征,使其在未来激烈的市场竞争中保持领先地位。

单体企业组织战略提及的相关内容,由于之前在笔者的《战略:战略管理方法论与实践2.0》一书中已经做过详细介绍,这里就不再赘述,感兴趣的读者可以自行阅读。

【案例阅读:《隆中对》】

《隆中对》选自陈寿的《三国志·蜀书·诸葛亮传》。《隆中对》是中国古代的战略思想的经典之作,下面从企业战略视角,解读这部经典。

使命:"汉室倾颓,奸臣窃命,主上蒙尘。孤不度德量力,欲信大义于天下;而智术浅短,遂用猖獗,至于今日。然志犹未已,君谓计将安出?"文中开宗明义,刘备回答诸葛亮此行目的,光复汉室是刘备的使命。

看行业:"自董卓已来,豪杰并起,跨州连郡者不可胜数。曹操比于袁绍,则名微而众寡。然操遂能克绍,以弱为强者,非惟天时,抑亦人谋也。"通过行业成功要素分析,诸葛亮告诉刘备,要想取得成功,应该向曹操学习。而曹操主要靠两个方式取得成功,一个是天时,另一个是人谋。

看竞争:"今操已拥百万之众,挟天子而令诸侯,此诚不可与争锋。孙权据有江东,已历三世,国险而民附,贤能为之用,此可以为援而不可图也。荆州北据汉、沔,利尽南海,东连吴会,西通巴、蜀,此用武之国,而其主不能守,此殆天所以资将军,将军岂有意乎?益州险塞,沃野千里,天府之土,高祖因之以成帝业。刘璋暗弱,张鲁在北,民殷国富而不知存恤,智能之士思得明君。"通过资源和能力分析,诸葛亮告诉刘备,荆州和益州这两个地方是非常重要的资源,因为曹操和孙权都不具有。

看自己:"将军既帝室之胄,信义著于四海,总揽英雄,思贤如渴。"通过核心竞争力分析,诸葛亮告诉刘备,与竞争对手相比,纯正的皇家血统、刘备的信义将是他们制胜的关键。

定目标与方向:"若跨有荆、益,保其岩阻,西和诸戎,南抚夷越,外结好孙权,内修政理。"明确短期战略目标与方向,确定联吴抗曹的基本定位。

定模式:"天下有变,则命一上将将荆州之军以向宛、洛,将军身率益州之众出于秦川,百姓孰敢不箪食壶浆以迎将军者乎?诚如是,则霸业可成,汉室可兴矣。"此处诸葛亮向刘备提出了明确具体的战略路线图。

《隆中对》以使命作为出发点，通过看行业、看竞争、看自己及"三定"（定目标、定方向与定模式），基本上形成了一个完整的战略规划。那么基于这么好的一个战略，蜀国最后为什么没有完成统一大业？原因很简单，诸葛亮没有做出相应的总体资源需求分析。企业资源都是非常有限的，比如说人力资源方面，姜维北伐时，蜀国悍将关羽、张飞、马超、黄忠、赵云等都已经去世，并由此形成一句常用语"蜀中无大将，廖化作先锋"。另一个很重要的关键因素就是组织文化问题，蜀国走下坡路有个转折点，刘备率兵亲征东吴，结果亲征东吴的时候失败，兵败之后托孤于白帝城。那么刘备为什么一定要率兵亲征东吴呢？那就要从刘关张三人合伙"创业"说起。在组织建立初期，主要创建者是靠情感来维系的。蜀国创业成功之后，一直存在一种兄弟情感文化，没有转变成为组织文化。随着组织的发展，这种靠情感维系的组织方式却没有发生变化，没有过渡到以真正的组织原则来维系的一种关系。因此，《隆中对》全文从战略规划角度来看，可圈可点，但以"人治"为核心的组织思想是造成其战略执行失败的主要原因。

二、多元化集团型企业组织战略

多元化集团型企业组织战略的制定过程往往是一种动态资源组合过程，需要通过母合优势的三要素（价值创造洞察、独有母合特性、核心区业务）构建多元化组织战略。

（一）基于母合优势下的多元化集团型企业组织战略框架

母合优势理论是由战略管理大师迈克尔·古尔德等人于20世纪90年代提出的。母合优势主要用来分析和描述母公司如何创造价值的管理框架。《从企业战略到母合优势》一文中指出，母公司不仅要为其业务单元创造价值，还要努力创造更多其他竞争对手（其他母公司）所不能创造的价值。

按照母合优势理论，制定组织战略时，一般遵循以下三个步骤：首先，分析母公司组织的特征（即母合特征）；其次，确定每项业务单元的特征，即母合机会和关键成功因素；最后，根据母合特征与业务的关键成功因素以及母合机会之间的匹配程度，构建母合匹配矩阵及业务组合。

1. 母合特征

母合特征主要包括五个方面：母公司的行事思维，母公司的结构、系统和程序，母公司的职能部门和掌握的资源，母公司人员的经验和技能，母子公司间的权限分配。

2. 业务单元的特征

业务单元的特征可分为两类。

（1）母合机会，即在各业务单元中，母公司可以创造价值的各种机会。产生这些机会的因素包括：业务单元管理团队的弱项、母公司决策层与业务单元负责人之间的利益冲突等。

（2）关键成功因素，即对企业成功起关键作用的因素。关键成功因素与核心竞争力是有区别的，核心竞争力侧重于揭示企业发展和保持竞争优势的独特的、起决定作用的资源和能力，是难以模仿的；关键成功因素侧重于揭示行业或企业发展中起主要作用的和带有普适的若干资源和能力，是能够模仿的。

在评估母合特征与业务单元特征的匹配度时，也需要从两个维度分别进行比较。一是检验业务单元母合特征与母合机会的匹配度，需要思考母公司与众不同的特征，从而确认绩效的提升空间；二是检验业务单元关键成功因素与母合特征的匹配度，从而确认母公司是否具备特定行业内的核心竞争力。

3. 母合匹配矩阵

将上述两组匹配度因素进行组合，可以构建出不同业务单元组合的母合匹配矩阵。在母合特征与关键成功因素的匹配度，以及母合特征与母合机会的匹配度这两个维度上，各业务单元将被划分到五个区域中。

（1）核心区业务。此类业务是母公司应着力避免价值损毁且可以创造高价值的业务类型，应引起集团总部的高度关注。对于核心区业务，企业应加大资源投入，优先发展。

（2）核心区边缘业务。针对此类业务，母公司既能为其创造价值，也可能使价值受损。因此，对于此类业务一般都是一种尝试，母公司应当根据自身的母合特征，尽快对这些业务单元做出取舍决策。

（3）压舱型业务。此类业务为企业进一步创造价值的潜力很小，但与母公司的核心能力非常契合。此类业务可以创造稳定的现金流和可靠的收入，但同时也有可能减缓创造价值的速度。一旦经营环境发生变化，压舱型业务可能会变成企业的负担。如果这类业务不具备新的盈利空间，母公司应及时考虑处置问题。

（4）价值陷阱型业务。此类业务表面上具有吸引力，但在某些重要领域与母公司的特征并不匹配。对于此类业务，除非企业有能力通过学习获得新的母合特征，否则应避免继续介入该类业务。

（5）异质型业务。此类业务与企业既定战略相差较大。对于此类业务，母公司应坚决采用退出策略。

（二）基于母合优势下的多元化集团型企业组织战略选择

1. 价值创造洞察

对于其业务而言，母公司需要形成非凡的价值创造洞察力，这是公司战略最基本的组成部分。母公司要善于把找到的母合机会付诸实践，并基于对母合机会的因素分析，洞察有别于竞争对手的价值创造。

2. 独有母合特性

母公司应构建独特的母合特征，凸显价值创造洞察比其他公司更有效率。要创造价值，母公司的资源与能力等都要与业务的需要和机会相匹配，这种动态演变和与时俱进是价值创造的基础。企业应根据母合特征与业务的关键成功因素，找到企业有别于竞争对手的独有母合特性。

3. 核心区业务

母公司应重点发展价值创造可能性更高的业务，亦即核心区业务。对于易导致价值损毁的风险要时刻保持警惕。基于母合匹配矩阵及业务组合，找到有别于竞争对手的核心区业务及业务组合。

三、组织形态与组织战略相匹配

战略管理领域的奠基者之一钱德勒在其著作《战略与结构》一书中提出"战略决定结构"这一重要管理原则。组织战略对组织形态具有决定性影响，组织战略的变化会导致组织形态的变化，组织形态的变化又会促进战略重点的实施。

根据市场竞争环境和企业所处的不同发展阶段，在对各种组织形式类型进行比较分析后，企业应选择最合适的组织形式与组织战略相匹配。企业可通过企业价值链识别企业战略中关键业务单元，并提供必要的资源和组织权限，促进战略的实施。对价值链中的非核心业务单元，综合考虑是否采用业务外包形式以降低组织运作成本。当某一关键业务需要几个业务单元配合完成时，通常需要设立一个战略管理单元，协同几个业务单元的统一运作。如果企业经营出现问题，则需要制定新的战略并及时改变组织结构与之匹配，同时应采用相对平稳的、渐进式的组织结构进行过渡，以降低由组织变革剧烈带来的风险与损耗。

本章小结

◎ 组织战略主要从战略性视角看待组织发展，强调战略—组织—个体之间的传导。

◎ 单体企业组织战略的制定过程往往是一种静态资源组合过程，多元化集团型企业组织战略的制定过程则往往是一种动态资源组合过程。

◎ 组织战略决定组织形态，不同的组织形态与运作方式共同实现组织战略。

第五章 组织顶层设计

导读 随着经济高速发展,单体企业为了快速扩大发展规模与提升运营效率,逐渐倾向于向集团型企业发展,越来越多的单体企业向集团型企业方向发展成为大势所趋。在这一背景下,采用有效的管控措施,不断提升集团企业的资源配置效率,是集团型企业发展的必然要求。

一、集团管控

随着集团型企业的规模不断扩大,集团型企业如何充分发挥集团优势,系统解决集团的协同管理和控制问题,成为中西方学者对集团管控模式的研究的重点。

(一)集团管控模式的分类

集团管控三分法理论成为至今沿用最多的管控模式划分方法论,即按集团企业对下属业务单元的集分权程度可以将集团管控模式分为财务型、战略型、运营型三种。上述三种分类方式在实践中又派生出介于两两之间的管控模式,即战略运营型、战略财务型管控模式。

1. 财务型管控模式

以财务指标为主,是一种分权管控模式。母公司不从事具体的生产经营活动,没有特定的核心产业,也没有规定下属各业务单元的战略方向,一般适用于无主导产业的非相关多元化企业。其核心功能是资产管理,注重财务指标数据控制。

2. 战略型管控模式

以战略规划为主,是一种介于集权与分权之间的管控模式。母公司依据外部坏境和现有资源，制定企业总体发展战略，并使下属各业务单元经营活动服从控股公司的整体战略活动，一般适用于相关产业多元化企业。其核心功能为资产管理和战略协调。

3. 运营型管控模式

以运营管理为主，是一种集权的管控模式。母公司对下属各业务单元的经营活动进行管理，其关注重点包括经营行为的统一与优化、整体协调成长、对行业成功因素的集中控制与管理。其核心功能为财务管控、业务管控、技术管控、人力资源管控等。

根据集团管控三分法理论，常见的集团企业管控模式有三种（财务型、战略型、运营型），不同管控模式对应的集团母公司核心功能和重要功能有所不同，权力集中程度和对下属业务单元日常经营的介入强度也有所不同（见表5-1）。

表5-1　　　　集团管控三分法理论对应组织功能与管理程度

三种管控模式		财务型管控模式	战略型管控模式	运营型管控模式
集团母公司功能	核心功能	财务/资产	财务/资产	财务/资产
		集团规划	集团规划	集团规划
		监控/投资管理	监控/投资管理	监控/投资管理
		收购、兼并	收购、兼并	收购、兼并
	重要功能	-	公关	公关
		-	人才培养	人才培养
		-	法律	法律
		-	审计	审计
		-	集团营销	集团营销
		-	现金管理	现金管理
		-	-	R&D
		-	-	采购/物流
		-	-	销售网络
		-	-	人力资源管理

续表

三种管控模式	财务型管控模式	战略型管控模式	运营型管控模式
权力集中程度	分权	集权与分权相结合	集权
对下属业务单元日常经营的介入强度	弱	中等	强

（二）集团管控模式常见的三大误区

误区一：使用管控三分法理论时无视企业所处的业务发展阶段、市场环境等，直接套用，进而形成"以偏概全"的情况。

根据迈克尔·古尔德提出集团管控三分法理论的时代背景，20世纪80年代的美国正是经济形势较好，复合型人才储备较多，且内外部资源丰富的时代。而目前在VUCA时代背景下，我国的市场环境、人才结构、内外部资源与20世纪80年代的美国存在巨大差异。

在VUCA时代背景下，传统集团管控模式失效。传统集团管控模式要形成母合优势与协同效应的基本假设前提，集团总部要具有足够强大的能力满足下属所有企业的需求。但在VUCA时代背景下，商业逻辑正在发生巨大的变化。在更加开放、灵活、包容的市场环境下，试问如果一个集团型企业总部的业务能力比下属企业还强，为什么不直接放到市场中？

误区二：集团管控模式变成一场组织内部的大变革或整风运动，形成母子公司之间的权力博弈。

首先，集团管控的本质是如何对各子公司的资源进行优化整合，通过集团的整体协调，在自身所擅长的领域与市场发生交易，减少交易成本，产生"1+1>2"的母合优势，使集团整体利益最大化。如果忽略了这个大前提，就集团管控谈集团管控，则难免会出现"本末倒置"的情况。其次，管控是需要成本的，母子公司之间的分权问题是集团管控的基础问题，管控的广度和深度都是与母子公司间集权和分权的把握相关联的。集权与分权就像一杆天平上的两个重物，如果失去相对平衡的关系，将会扼杀子公司的个性化成长，甚至演变成一场组织内部的整风运动，形成母子公司之间的权力博弈。再次，受业务场景与地域限制，需要对于各业务场景或地域特征具有丰富经验的职业经理人参与执行，而本地化、专业化人才团队的形成，容易导致总部职能的"空心化"。最后，通过高度分权让了公司成为独立经营的法人实体来分解风险,而不从集团整体风险管理角度去设计内部管理及风险控制体系,也是造成母子公司之间的权力博弈的重要原因之一。

误区三:集团管控三分法理论是至今沿用最多的管控模式划分方法论。但无论采用什么类型的管控模式,其核心出发点都不在于如何创造"母合优势",而是变成母公司对下属业务单元的一种管理手段。

集团管控的核心在于为集团带来价值最大化,产生"1+1>2"的组织价值,其最终目标还是确保集团战略的实现。因此其理论核心就是让集团型企业从外延式的扩张转向内生式的增长,简单来讲就是追求"母合优势"。

(三)集团管控能力评估模型

集团管控能力评估模型主要用于判定处于不同发展战略、业务发展阶段、市场环境、业务领域、管理风格下的集团型企业对下属业务单元需要不需要管、有没有能力管以及能不能管好的问题。

1. 需要不需要管

评估集团型企业对下属业务单元需要不需要管,主要看集团型企业与下属业务在单元战略维度上是否匹配。如果下属业务单元业务比较单一,业务战略定位属于从属定位,集团型企业与下属业务单元所需核心资源与能力基本相同,在价值链上相关程度较高,则不需要对下属业务单元使用集权管理。具体参见表5-2。

表5-2　　　　集团管控能力评估模型——要不要

管控因素维度	一级维度	二级维度	程度范围		
要不要	发展战略	战略业务组合	单一业务	相关多元化业务	非相关多元业务
		业务战略定位	从属业务	介于两者之间	核心业务
		核心资源与能力	相同	介于两者之间	不同
		在价值链上的相关程度	高	中	低
	管控权限	集分权设计	分权	介于两者之间	集权管理

2. 有没有能力管

评估集团型企业对下属业务单元有没有能力管,主要看集团型企业与下属业务单元在业务发展阶段和市场环境维度上是否匹配。如果集团总部发展阶段处于初创期，而下属业务单元处于成熟期，且发展规模较大时，或市场竞争激烈、市场变化不确定性强时，集团总部可能基本没有能力去管好下属业务单元。具体参见表5-3。

表5-3　　　　　集团管控能力评估模型——能不能

管控因素维度	一级维度	二级维度	程度范围		
能不能	业务发展阶段	总部发展阶段	初创期	成长期	成熟期
		业务单元发展阶段	成熟期	成长期	初创期
		发展规模	规模大	规模中等	规模小
	市场环境	竞争激烈程度	激烈	介于两者之间	不激烈
		市场变化特征	不确定性强	介于两者之间	确定性强
	管控权限	集分权设计	分权	介于两者之间	集权管理

3. 能不能管好

评估集团型企业对下属业务单元能不能管好，主要看集团型企业与下属业务单元在业务领域与管理风格维度上是否匹配。若集团总部业务领域管理的专业化程度较低，而业务竞争区域又处于单一区域，且集团领导的管理要求属于授权，管理能力较弱、企业文化又属于高度分权，则各业务单元在集团总部的战略指导下，发挥各自运营优势更佳。具体参见表5-4。

表5-4　　　　　集团管控能力评估模型——好不好

管控因素维度	一级维度	二级维度	程度范围		
好不好	业务领域	业务领域管理的专业化程度	低	中	高
		业务竞争区域	单一区域	部分区域	多个区域
	管理风格	集团领导的管理要求	授权	介于两者之间	集体决策
		管理能力	弱	中	强
		企业文化	高度分权	适度分权	高度集权
	管控权限	集分权设计	分权	介于两者之间	集权管理

(四) 基于母合优势下的集团总部价值创造

集团管控模式仅仅是一种管理思想,在企业的经营实践中,需要结合母合优势明确集团总部价值创造及组织功能定位,集团总部不仅要为其业务子公司创造价值,还要努力创造其竞争对手(其他的集团总部)做不到的更多的价值。集团型企业的组织定位也是后期设计集团型企业组织架构的指导思想与设计依据。

上一节介绍了如何使用母合优势制定多元化集团型企业的组织战略,本节则主要从集团管控角度,对集团型企业的组织功能定位进行梳理。集团总部常见的三种价值创造模式分别是协同、组合、共享。

1. 协同

协同是指通过集团内企业之间的优势互补,提升集团总部整体运营管理效率。比如,可以将其中一家子公司的"长板"用于弥补另一家子公司的"短板",形成人力资源方面的资源共享与经验借鉴。也可以在集团层面提高产品的复用率,降低单位开发成本,获取多层次利益。

2. 组合

组合是指通过集团内企业之间的资源整合,形成产业优势互补与税收优惠,提升集团总部影响力。组合能为集团型企业带来多种优势。比如,集团层面能够实现统一的税务筹划,实现利润转移、避税的目的;集团型企业相比单体企业具有较高信任,进而实现信用提升,还可以充分利用政策变动给单一产业带来影响,达到产业优势互补的作用。

3. 共享

共享是指通过集团内企业之间的部分职能集中并统一供给,形成规模效应,减少重复设置与资源浪费。比如,通过集团层面的集采集销模式,可实现平台资源共享,节省成本和费用,体现规模效应;集团层面统一的资金筹划,可提升银行授信规模,使企业获得充足的现金流;集团型企业由于规模效应,对当地政府税收、劳动力就业等都起到良好的拉动作用,政府倾向于给予更多的扶持政策,帮助其做大做强。

(五) 管控的指导原则及管控要点

管控的指导原则及管控要点是集团总部与下属业务单元管控关系管理的大纲,主要用于进一步明确集团总部与下属业务单元的组织功能定位。企业应根据管控指导原则及管控要点,制定相应的管控实施细则及相关制度,明确集团总部

◎ **组织**：组织激活方法论与实践 2.0

与下属业务单元的管控界面、制度流程等。表 5-5 所示为集团总部与下属业务单元人力资源组织功能定位管控界面的示例。

表 5-5　集团总部与下属业务单元人力资源组织功能定位管控界面

组织功能	集团人力资源部	下属业务单元人力资源部门
业务定位	• 集团人力资源管理主政策、主流程的制定； • 集团总部的人力资源管理工作； • 集团及下属业务单元核心人才的统筹管理； • 对下属业务单元人力资源部门的技术指导和考核	• 在集团人力资源部指导下，建立健全下属业务单位的人力资源管理体系； • 对集团制订的人力资源政策予以细化、执行； • 负责下属业务单元内的人力资源管理； • 协助集团对核心人才的管理
人力资源规划	• 负责集团总部及下属业务单元的人力资源规划	• 根据集团人力资源规划要求，制订年度人力资源实施计划
组织与职位管理	• 组织架构设计； • 职位序列统筹设计与管理； • 总部职位分析和评估； • 下属业务单元职位分析和评估的组织和审核	• 下属业务单元职位分析和评估
干部管理	• 干部管理体系建设； • 中层管理者的培养与储备	• 干部管理制度的执行； • 基层的干部培养与储备
招聘调配	• 招聘平台和渠道的建设； • 总部人才和下属业务单元高端人才的招聘； • 校园招聘的组织和实施	• 下属业务单元人员的招聘
绩效管理	• 绩效体系和管理制度的设计； • 总部绩效管理活动的组织和监督； • 下属业务单元绩效管理效果的监督和指导	• 绩效管理制度的细化； • 针对下属业务单元员工的绩效管理的宣导和培训； • 下属业务单元绩效管理活动的组织和落实
薪酬福利管理	• 薪酬策略和薪酬福利基础框架的设计； • 薪酬管理制度与流程设计； • 下属业务单元薪资预算审批和监控； • 薪酬对标工作的组织	• 基于薪酬福利基础框架的（结构与水平）个性化； • 薪酬对标工作的落实

续表

组织功能	集团人力资源部	下属业务单元人力资源部门
学习发展	• 培训体系建设； • 培训中心、课件库和管理模板库的建设； • 内训讲师的统筹管理和培养； • 管理培训的规划和统筹； • 总部人员的培训	• 专业培训课件的开发和更新； • 专业培训的规划和组织； • 专业培训师资队伍的管理； • 管理培训的具体落实； • 下属业务单元人员的入职培训
任职资格	• 管理者及员工素质模型的设计； • 职业发展通道和任职资格基准的设计； • 任职资格认证程序和制度的设计； • 总部及下属业务单元管理者的认证过程组织	• 素质模型的应用； • 下属业务单元职位任职资格的个性化； • 下属业务单元人员任职资格认证过程的组织
员工关系	• 员工关系政策的制定； • 集团总部员工关系管理	• 下属业务单元员工关系管理

二、企业治理

1932 年，伯利和米恩斯在《现代公司与私有产权》一书中首次提出现代企业所有权的分散问题以及所有权与控制权分离的问题，被学术界认为是企业治理产生的标志。1999 年，经济合作与发展组织发布《OECD 公司治理原则》，并于 2004 年和 2016 年进行了两次改版。经济合作与发展组织提出企业治理的定义，认为企业治理是一套监管和管理业务的系统。企业治理架构列明企业内各个参与者（董事会、经理、股东和其他利益关系者）的权利和责任分布，并说明事务的决策规则和程序。这套系统不但提供了一个架构让企业确定目标，也提供了达成各项目标和监察表现的方法。

（一）良好的企业治理的特征

随着企业治理理论与实践的日趋完善，良好的企业治理有利于更大范围内的优化资源配置，从而推动企业可持续发展。

衡量一个治理制度或治理结构是否合理的标准包括：如何使企业最有效地运

行；如何使企业在激烈的市场竞争中求得生存和发展；如何确保企业各利益相关者的利益得到维护和满足。

一个能够保护股东利益的企业治理结构具有以下特征：董事会能有效地发现问题并上报股东会；监督机构对董事会及经理层能进行有效的监督；股东通过董事会、监督机构对高级管理层有足够的监控能力；明确股东、董事会、监督机构的职责权限；符合国家法律法规，且能够平衡制约企业治理结构和内部组织架构；能够对所制定的各项规章制度进行相应管理；能够及时、充分地进行重要信息的报告。

（二）企业治理的主要模式

划分企业治理模式的主要标志为所有权与控制权的表现形式。企业治理的主要模式可分为外部控制主导型、内部控制主导型、家族控制主导型、行政控制主导型、法人控制主导型。

1. 外部控制主导型——英美治理模式

外部控制主导型治理模式是指外部市场在企业治理中发挥着重要作用。这种模式存在的外部环境主要表现为股权分散的上市公司、高度发达的金融市场、股权流通性较强，主要以市场经济高度发达的英美为代表，所以也称为英美治理模式。

英美治理模式特征一：外部控制特征明显，股权流通性较强。英美企业控制权的获取方式以收购兼并等为主，股权分散在大量个人投资者和部分机构投资者之中。机构投资者虽然占有很大的股份比例，但一般不参与企业的具体运营。由于银行无法持有企业股份，股权结构比较分散。企业的董事长或总裁拥有比较大的权力，对企业管理者的约束最终是通过资本市场实现的。

英美治理模式特征二：董事会的双重职能。英美企业一般不设监事会，董事会含有监事职能，但其监事主要由外部的非执行董事担任。

英美治理模式特征三：信息披露的真实性。英美企业常聘请专门的审计机构负责企业年度财务状况的年度审计报告，政府的审计机构也会定期或不定期对年度审计报告及审计机构的资质进行审查。这种独立审计制度在很大程度上保证了信息披露的准确性和真实性。

英美治理模式的优缺点：由于这种环境下的资本化程度较高，市场机制成为一双看不见的手，可以有效地控制企业。企业经营透明化程度较高，有利于保护股东权益。但由于股权高度分散，使得职业经理人成为企业实际控制人，存在委托代理风险。

2. 内部控制主导型——德日治理模式

内部控制主导型治理模式是指银行（通常是股东）、股东、内部经理人在企业治理中发挥着重要作用。这种模式存在的外部环境主要表现为金融市场不太发达、工业化国家为代表、资本流通性相对较差，主要以银行处于企业治理核心的德日为代表，所以也称为德日治理模式。

德日治理模式特征一：银行与企业共同治理。银行通过贷款和持有企业股份的方式，拥有股东和债权人的双重身份，并深度参与企业经营，形成了极具特色的银行与企业共同治理模式。这种模式导致企业偏向于内部治理，缺乏外部约束机制的监督。

德日治理模式特征二：董事会与监事会分开。监事会独立于董事会存在，监事会拥有很大的权力，如德国企业监事会的权力很大，类似一般意义上的董事会，而董事会则是一个执行机构。

德日治理模式特征三：由于金融市场融资能力有限，股权较为集中，主要由企业股东持有，因此企业间交叉持股现象普遍。法人交叉持股主要有两种方式，一种是纵向持股，另一种是循环持股。企业间交叉持股加强了关联企业之间的相互依存和相互渗透，实现相对稳定的利益相关者。

德日治理模式的优缺点：由于股权相对集中且主要由企业法人或股东持有，因此他们对于企业的中长期发展战略比较关注，通过加大对经营的监督力度，能够有效地避免大股东侵犯小股东权益的问题。但这种模式受资本化程度不高的影响，市场机制难以发挥作用，容易造成资源浪费。

3. 家族控制主导型——东南亚治理模式

家族控制主导型治理模式是指企业所有权基本由家族成员控制，其经营管理权掌握在家族成员手中，企业所有权与经营权没有分离，外部监管薄弱。

东南亚治理模式的优缺点：在这种模式下，受家族关系的影响，企业管理能够保持较强的稳定性，家族与企业的融合也使得企业的凝聚力较强。但其任人唯亲的做法与现代企业管理相差甚远，无法适应复杂多变的市场环境。当面临冲突时，思想保守，缺乏创新精神等缺点极大地制约了企业的发展。

4. 行政控制主导型——中国国有企业治理模式

行政控制主导型治理模式主要表现为国有股处于绝对控股地位。中国国有企业的主要领导层大都是外部行政委派内部化，一般都没有经历外部市场化的过程，具有浓厚的行政治理模式。

中国国有企业治理模式特征一："四会一层"企业治理架构。除了一般企业治理架构中的"三会一层"（股东大会、董事会、监事会、经理层）之外，党委会作为国有企业治理的重要组成部分，具有鲜明的中国特色。

党委会履行实质性决策职能，董事会履行决策监督、决策咨询职能。对内而言，党委会不仅直接承担着重要的治理角色，包括重大事项决策、重大人事任免、重大项目安排、大额资金使用，协调"三会一层"的企业治理运作。对外来看，党委会发挥的治理功能，把党的领导融入企业治理的方方面面，将党组织嵌入治理结构中，在治理结构中界定和落实党组织的法律地位。

中国国有企业治理模式特征二：内部人控制。由于国有股均处于绝对控股地位和非流通股，控股股东自然成为企业内部人，形成典型的"内部人控制"现象。

5. 法人控制主导型——中国民营企业治理模式

法人控制主导型治理模式的股权主要集中在少数法人或股东手中，控股股东拥有企业的日常经营决策权。在该治理模式下，企业法人或股东会更加积极地参与企业治理与日常经营决策，比较注重对企业长期利益的追求，管理层的激励效果也更加明显。

大部分中国民营企业治理模式在形式上更像外部控制主导型治理模式，而实质上更接近家族控制主导型治理模式。

各国治理模式的形成，都与各国当时的文化历史、经济水平、法律法规的制约有很大关系。各国治理模式虽各不相同，但基本上都体现了三权分立、分权制衡的核心思想。

企业治理结构的稳定不但需要设立合理的结构，还应该依靠完善有效的机制和制度来加以规范。如表5-6所示，企业可以通过合理划分股东、董事会和经理层的权力界限，明确各方的责任，构建相互制衡的机制。

表 5-6　　　　　　　　股东、董事会和经理层主要权力与责任的划分

三会一层	权力	责任
股东	对企业最终控制权，以股东会的形式否决董事会和管理层的决议； 对股权变更、资产处理和董事会人事任免等重大事项进行批准	保障董事会运作流程和规则的相对稳定； 承担行使最后的决策权； 根据经营成果，行使约定的激励

续表

三会一层	权力	责任
董事会	企业的关键控制权被授予董事会，董事会是股东的代表机构；关键控制权包括企业经营发展战略、重大经营事项决策、选任和罢免经营班子和风险管理	负有经营判断的职责，维护股东的最佳权益；对重大管理成果和决策负责；对经营班子的日常活动进行监督，同时接受股东的监督
经理层	以企业发展战略为前提，在企业授权框架下，管理层拥有对企业日常经营活动的执行权	对战略决策的执行和实现负责；确保企业的经营活动高效地完成企业年度经营计划；有效地避免企业经营中的风险

（三）企业治理中常见的三种制衡关系

从根本上来说，企业治理结构的实质是在企业内部实现利益制衡机制，即股东、董事会和经理层等利益群体之间的制衡机制。

1. 股东会与董事会的制衡关系

股东会与董事会之间是一种"信托—托管"关系。股东将资产委托给董事会，不直接干预企业的经营管理业务。股东会是非常设机构，通过董事会这一机构影响企业。董事会是股东利益的代表，执行股东大会决议，受股东委托经营企业业务，管理内部事务。这种"信任—托管"关系确保为股东谋福利。

2. 董事会与经理层的制衡关系

董事会与经理层之间是一种"委托—代理"关系。董事会以知识、经验和创新能力为依据，选拔任用适合的经理层。经理层接受董事会的委托，对于企业具有管理和代理权。董事会对经理层进行有偿委托，经理层有义务和责任依法经营好企业事务，董事会有权对经理层的绩效进行评判。

3. 股东会与监事会的制衡关系

股东会与监事会是一种"委托—代理"关系。监事会由股东会聘用，并对所有股东负责。监事会对董事会和经理层的工作进行监督，及时给出风险提示并提出相应的改进意见。

◎ **组织**：组织激活方法论与实践 2.0

【案例阅读：国美电器股权之争】

1987年1月1日，国美电器控股有限公司（以下简称国美电器）创立了第一家主要经营各类家电的门店。2004年底，国美电器在香港成功上市。2006年，收购陈晓的永乐电器后，门店数量达到587家；2007年，收购张大中的大中电器后，门店数量已经增至1074家，实现销售收入424.79亿元人民币，同比增长71.77%。2009年，国美电器成为我国最大的家电零售连锁巨头。从1家不足100平方米的小店做到1000家以上门店的上市公司，这一切与国美电器董事局主席黄光裕有着绝对的关系。随着机构投资者的进入，黄光裕家族不断通过减持和出售股份给上市公司，截至2008年底累计套现金额135亿港币。

2008年11月，国美电器董事局原主席黄光裕因操纵股价罪被调查，时任国美电器总裁的陈晓接替黄光裕出任国美电器董事局主席。被调查之前的黄光裕在国美电器有着绝对的控制权，管理风格上非常强势，陈晓的管理风格则与黄光裕截然不同。2009年6月，陈晓引入机构投资人贝恩资本，对董事会成员进行了大幅更换，其中包括引入贝恩资本（亚洲）总经理竺稼出任公司董事。2009年7月7日，国美电器公布股权激励方案。在此之前一直跟随黄光裕的高管一股未分，而本次激励有105人，包括国美电器大部分管理层，其中11位高管共获得1.255亿股认股权。在巨大的经济利益面前，陈晓与其他董事会成员和管理层达成高度一致。黄光裕得知此事后，要求取消股权激励，这明显动了所有人的奶酪，最终董事会没有同意其要求。2010年8月，黄光裕在召开的股东大会上撤销陈晓职务。陈晓与黄光裕两人的矛盾由此转为公开，国美电器的股权大战正式开启。

2010年9月28日，国美电器特别股东大会如期举行，本次特别大会上对八项决议进行了最终表决，决议包括撤销陈晓国美电器公司董事会主席兼执行董事职务等决议，而黄光裕提出的五项核心决议中，只有一项决议获得通过。四项决议被否从另一个侧面说明，大股东黄光裕的利益未得到股东大会的保护。两人的"争斗"数月之后，最终以陈晓辞去国美电器董事会主席一职，而戏剧性地结束。

企业治理的核心是如何建立科学有效的委托代理关系。企业治理一个非常重要的特征就是所有权与经营权分离下的两层委托代理的契约关系，即股东委托董事会代理其权益和主张，董事会委托经理层代理其权益和主张。

股东大会与董事会的权力之争，在英美治理模式中，董事会拥有最大的权力，包括经营决策、监督等。2006年，当时集创始人与大股东于一身的黄光裕对公司章程进行了一系列重大的修订，正是由于这次的修订才引发了此后的国美电器股权之争。这一系列修改包括：未经股东大会批准，董事会可以随时调整董事会结构，包括任免、增减董事，不受人数限制；增发20%股份一般性授权，包括定向增发以及对管理层、员工实施期权、股权激励等；董事会还可以订立各种与董事会成员"有重大利益相关"的合同。

更为戏剧性的是，2010年5月11日，股东大会否决了贝恩三名董事连任的决议，而陈晓带领的董事会当晚便以"投票结果未真实反映大部分股东意思"为由，推翻了之前股东大会的相关决议。由于国美电器公司章程中规定董事会可以在不经股东大会同意下，任命非执行董事直至下一届股东大会。正是由于这条规定，陈晓推翻了此前股东大会决议。

此后黄光裕与陈晓的矛盾公开并不断升级，2010年8月18日，黄光裕在《为了我们国美电器更好的明天》一文中，控诉时任国美电器董事局主席陈晓三重罪：一是携手贝恩资本，与其签订极为苛刻的融资协议，然后又笼络部分高管，控制了整个企业。当大股东注意到自己的私心会拒绝他的提案时，陈晓不顾基本的企业治理原则，强行拒绝国美电器股东年会的决议，颠倒是非黑白，反过来指责大股东不顾国美电器死活。二是"慷股东之慨"，盲目给部分管理者期权，变相收买人心。三是控制董事局后，他还想利用股东大会的信任继续发行新股，联手国外资本，企图使国美电器沦为外资品牌。

国美电器企业治理架构为英美治理模式，只设立股东大会和董事会，而不设立监事会。主要由独立董事承担内部监督职能，但由于独立董事人数少，且无相应独立制衡机制制约，导致贝恩资本进入国美电器董事会之前，独立董事未发表任何意见。

经理层曾一度左右董事会，2009年1月16日到2010年6月28日，陈晓就同时担任董事会主席、执行董事、企业总裁三重身份。根据港交所上市条例："董事局主席与总裁职务应该分设，并不能由同一人履行。"经理层与决策层高度重叠，必然导致"内部人控制"的局面。

（四）中国企业治理存在的主要问题

1. 股东

企业股权的结构与流动性存在较大的缺陷，容易导致大股东侵害中小股东权益。一些企业严格限制参与股东会的股东资格，导致中小股东参会意愿不强。

2. 董事与董事会

董事会结构不合理，缺乏内部互相制衡的机制，管理层占董事会席位较多，外部董事比例不足。外部董事有限的作用主要表现在其在董事会中的独立性和有效性。

3. 监事及监事会

由于监事会仅有部分监督权，无权任免董事会成员与经理层，无权参与和否决董事会与经理层的决策。独立监事较少，导致"内部人控制"问题凸出。

4. 经理层运作

经理层激励机制与约束机制有待改善，缺乏科学的业绩评价体系，经理层报酬与企业经营绩效关联程度不高。与发达国家相比，我国职业化的经理团队尚未建立，缺乏高素质的经理层。

5. 利益相关者

利益相关者参与治理的方式不明确，且多是处于治理主体缺位情况下的事后治理。

6. 信息披露与透明度

大股东控制了企业对外披露的权限，对关联交易与重大会计差错等重要事项披露不足。例如在证券市场中出现的很多新问题，与现有的法律法规、会计信息披露制度等往往很难实现同步。

（五）企业治理实践

企业治理实践共分为以下三个阶段。由于受篇幅问题与企业实际治理情况所限，在此仅做简要介绍。

1. 第一阶段：企业治理调查与诊断

此阶段主要以资料研读与内部访谈结合为主。其中所研读的资料包括公司章程，股东协议，股东大会、董事会、监事会、专业委员会等相关议事规则与管理制度、信息披露制度、内部控制手册等企业治理文件。内部访谈则是对股东、董事长、董事会成员、监事会成员、主要经理层等进行访谈，主要了解企业治理制度与规则的执行情况。从治理结构和治理机制两个维度来诊断企业治理的现状，确定企业治理的所属阶段和主要问题。

2. 第二阶段：企业治理改进与提升

根据第一阶段企业治理调查与诊断发现的主要问题，通过专项改进计划进行提升与改善。专项改进计划一般包括企业治理架构与权责划分等的优化与调整、内外部治理机制的完善与优化。

（1）企业治理架构改进要素。股东、包括战略股东优化、上市公司独立性、股东大会状况、中小股东权益保护状况等；董事与董事会，包括董事权利与义务、董事会运作效率、董事会组织结构、独立董事制度、董事薪酬等；监事及监事会，包括监事权利与义务、监事会运作效率、外部监事比例与薪酬等；经理层运作，包括经理层任免制度、经营控制与决策支持、内部人控制、激励约束机制等；利益相关者，利益相关者参与治理的程度、社会责任履行状况、投资者关系管理等；信息披露与透明度，包括信息披露的真实性、完整性、及时性等。

（2）内部治理机制：治理文化机制，包括集团核心治理文化、子公司治理文化等；决策机制，包括开放决策体系、科学决策程序、合理权限分工、内部转移定价机制等；激励机制，包括薪酬激励机制（短期与中长期）、荣誉激励机制（组织与个人）、绩效考评机制（组织与个人）等；监督机制，包括充分发挥内外部审计机构功能、董事会与监事会的监督职责、健全对监督人员的监督和绩效评价等。

（3）外部治理机制：相关利益者机制，包括对客户、供应商、政府、机构投资者等；企业社会责任机制，包括生态环境、慈善事业等。

3. 第三阶段：企业治理阶段性评价与回顾

企业治理专项改进完成之后还要通过治理框架进行企业治理评测，检验专项改进修订的效果，并定期开展总结与回顾。总结并回顾上一次评测报告里，发现了什么问题，实施了哪些针对性的改进措施，同时提出下一个阶段要如何改进企业治理问题，并不断提升企业治理体系。

本章小结

◎ 集团管控的核心思想就是最大限度地实现母合优势。

◎ 基于对组织战略与管控现状的分析，进行有效的内部资源整合。对母子公司治理规范、集团总部功能定位进行重新定义。并以此设计相应组织制度安排及权责体系、核心管控流程等，最终实现集团整体规模效益和协同效应、经济效益最大化。

◎ 企业治理实质是相关利益者主体之间的责权利的互相制衡，实现公平与效率的统一，强调通过有效的母子公司治理架构或机制来保证决策的科学性与有效性，达到多方利益相关者共赢局面。

第六章 未来组织形态

导读 "物竞天择,适者生存。"这是达尔文在1859年发表的《物种起源》明确界定的自然进化的规律。如果自然环境发生突变,无法适应环境变化的物种将会消亡,如已达到白垩纪峰值的恐龙达到新一代时便逐渐消亡。企业界也遵循相同的演化规律,VUCA时代的商业环境与商业逻辑发生了天翻地覆的变化,传统的组织管理模式和组织形态被不断刷新,新的组织管理模式和组织形态层出不穷。

一、组织设计

组织设计需要考虑的主要影响因素包括战略、管控、组织所处的不同发展阶段、组织现状、人员素质、行业特点、组织文化和外部环境等。

(一) 组织设计及优化原则

组织设计及优化原则主要有以下几条。

(1) 匹配战略与业务。承接战略诉求,与商业模式和业务定位相匹配。

(2) 结构精简、运作高效。采用多种组织形式灵活组合以有效支撑业务运作,同时在一定层级以上的组织应适当扁平化以确保组织结构精简、运作高效。

(3) 组织架构能够及时响应市场和客户需求。在进行组织架构设计及优化时,必须考虑如何更快、更有效地响应市场和客户需求,且保证组织内部分工明确、沟通协调及信息传递顺畅及时。

(4) 组织架构应考虑企业管理和内控的要求,比如上市公司要有完善的企业治理结构的要求等。

(5) 排他性原则。不能因人设立组织/岗位(因人设岗),不能因工作地点分散、权限管理需要而设置组织,不能因财务/费用核算需要而设置组织。

(二) 组织设计总体思路——价值链

每个行业都有一条基本价值链,主要用来说明这个行业获得基本价值的过程。通过对价值链的分析,企业可以找到价值链上最核心与最值得投入的部分来确认其在该行业中的竞争优势。企业的价值链主要反映其在哪些方面有竞争优势,因此不同企业的价值链存在许多差异。确定价值链需要将一个企业的主要活动进行分解,因此这一分解过程非常重要,太粗或太细的分解,都不利于企业找到其核心竞争力。

价值链是价值创造的过程。企业价值创造的过程是由一系列活动组成的。这些活动可以分为基本活动和支撑性活动。其中,基本活动主要包括研发、生产、销售等,支撑性活动主要包括人力资源、财务、信息等。

1. 价值链的作用

价值链的作用主要体现在以下几点。

(1) 真正创造价值的环节称为"战略环节"。

(2) 价值链只有在某些特定的战略环节保持领先优势,企业才能保持持续的竞争优势。

(3) 企业只有在价值链的某些特定环节开始关注和培育核心竞争力建设,才能真正形成在行业中的竞争优势。

图 6-1 所示为价值链分析模型,通过这一模型,可以更清晰地完成企业的价值链分析。

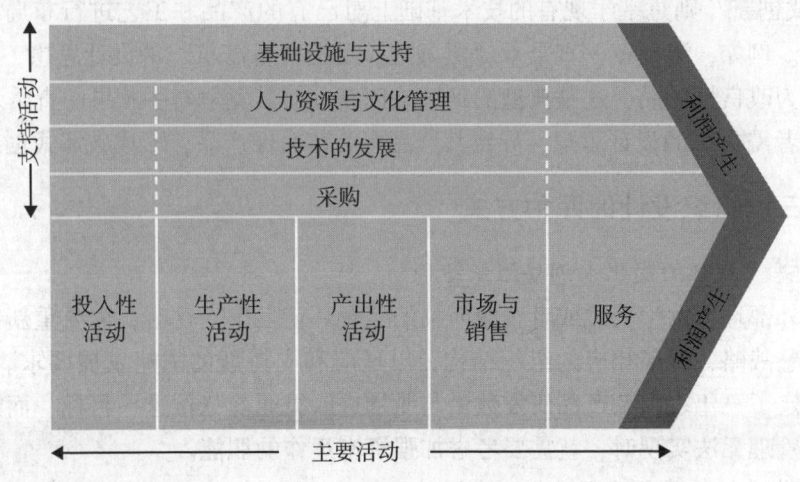

图 6-1 价值链分析模型

2. 价值链分层

（1）价值链一级，即业务活动，是企业级核心价值链中的各个环节（如人力资源）。

（2）价值链二级，即业务架构，是各环节的业务活动包含的业务模块（如招聘、培训、薪酬管理、绩效管理、员工关系、人事管理等）。

（3）价值链三级，即业务功能，是按内容、阶段、性质等角度对业务架构进行的功能划分（如招聘计划、招聘实施、招聘分析等）。

3. 重构价值链的基本思路

（1）用户思维。与传统价值链分析不同，在组织进行价值链重构时，要站在用户视角看待现在价值链中存在的问题。分析客户购买产品或服务能够获得什么样的收益与价值，基于此考虑组织内部如何实现相应的功能。例如，在移动互联网时代，四大门户网站通过将PC互联网的新闻模式迁移到手机端，内容生产方式主要还是由编辑人为推荐。今日头条张一鸣认为，信息分发的效率比信息本身更加重要。通过推荐算法今日头条改变了原有人找信息的主动搜索模式，变成信息找人的算法推荐模式，大大提升了信息分发的效率。

（2）破界创新。克里斯坦森教授在《创新者的窘境》一书中用了"破坏式创新"一词来区分与"延续式创新"的区别。"破坏式创新"概念最早是由著名经济学家熊彼特提出的，他认为创新就是不断地革新内部经济结构，创造新的结构。百年之后，克里斯坦森教授再次提出破坏式创新是一种与市场主流发展趋势背道而驰的创新活动，通过不断拓展思维模式边界，找到企业的未来发展方向。"延续式创新"则是基于现有的技术基础上对已有的产品和工艺进行布局的改进与提升。例如，诺基亚一直秉承"更好地满足消费者需求"的设计思想，导致其产品多为改良性产品，这是典型的延续式创新。而其竞争对手苹果一直秉承"引领消费者需求"的设计思想，导致其产品多为革命性产品，形成破坏式创新。

（三）组织设计的四种方式

1. 基于战略的变化来调整组织结构

当外部环境发生变化或者企业面临的经营环境发生变化时，需要重新制定战略或调整战略，调整相应的组织结构，以适应和支持新的战略发展要求。例如，企业确定了三年之内新产品研发数量与质量进入行业前三位这一目标，而单靠企业经营管理无法实现时，就需要考虑加强资本运作的职能。

2. 基于核心管控要点的变化来调整组织结构

对于集团型企业而言，集团核心管控要点就决定了集团总部组织结构的设计。不同核心管控要点所对应的集团总部组织架构是完全不一样的。

3. 基于优化设计流程来调整组织结构

企业的流程设计是否合理，直接影响组织运行的效率高低。因此，通过流程再造对现有组织结构进行优化设计。

4. 混合设计方法来调整组织结构

战略决定组织形式，如职能型组织、事业部组织、矩阵型组织中哪一种组织形式更为合适，应根据企业战略来决定；流程决定内容，如具体管理企业战略、投资、财务等哪些内容更为合适，要由企业流程来决定；管控决定比重，如具体管理内容，集团总部与下属业务单元管理比重各是多少应由企业管控来决定。

（四）组织发展的三大趋势

1. 无边界组织

无边界组织的概念最早是由通用电气前 CEO 杰克·韦尔奇提出的，他认为无边界组织应消除各职能部门之间的一切障碍，以实现各部门在工作程序和过程中的自由沟通和完全透明。**常见的无边界的主要组织形态有：创客型组织、业务外包与虚拟组织、生态型组织、"铁三角"型组织等。**

2. 扁平化组织

当企业组织规模不断扩大时，增加管理层级似乎成了企业发展的必经之路。为了组织高效运作，通过增加管理幅度、减少管理层级，企业使原来"金字塔"式的组织架构被压缩成扁平化的组织形态。**常见的扁平化的主要组织形态有：矩阵型、平台型、流程型等。**

3. 数字化组织

在传统雇用制企业中，谁掌握了资源配置的权力谁就是管理者。管理者为了维护自己的权威性，往往会把信息变得不透明、流程变得臃肿等。**数字化时代使组织变得更加透明、高效，资源配置由一线拉动，让"一线直接呼唤炮火"。这种组织实现了高度授权、责权下移，以客户为中心调动组织的一切资源。**

下面我们借助两个标杆企业的组织变革历程，寻找一下组织变革背后的规律。

◎ 组织：组织激活方法论与实践2.0

【案例阅读：向京东、华为学习组织建设】

一、京东

（一）1998—2006年试水电商

1998年，京东在北京中关村成立。2003年流行病严重急性呼吸道综合征（SARS）暴发期间，京东转型进入电商行业。2005年，京东多媒体网日订单处理量突破500个。2006年，全国首个以产品为主要对象的京东产品博客系统正式开通。

（二）2007—2010年全面转型

2007年，京东多媒体网正式更名为京东商城并成功改版。同年8月，获得第一笔千万美金融资。2008年，京东10周年之际，完成3C产品的布局。2009年6月，京东商城月销售额突破3亿元人民币。2010年6月，京东商城开通全国上门取件服务；同年8月，北京市正式推出家电以旧换新业务；同年11月，图书产品上架销售，这意味着京东商城已经从原有的3C网络零售商，向综合型网络零售商转型。

（三）2011—2015年赴美上市

2011年2月，京东商城苹果、安卓客户端相继上线，这意味着移动互联网时代来临；同年4月，京东商城完成C2轮融资金额15亿美金；同年，旗下医药保健品、奢侈品网站正式退出。2012年，京东商城史上第一次管理变革，聘用8位职级为CXO的职业经理人入主京东商城。2013年3月，京东商城启用新的域名JD.com，并正式更名为京东；同年4月，平台注册人数突破1亿人；同年7月，成立金融集团。2014年，京东集团在美国上市，京东集团分拆为京东商城集团、京东金融集团、子公司拍拍网和海外事业部。2015年，原采销体系组织架构拆分为四大事业部，分别是3C、家电、消费品和服饰家居。

（四）2016—2018年中台战略

2017—2018年，受外部流量红利与拼多多等平台的崛起影响，京东进行了第二次管理变革。在积木型组织理论指导下,2018年,商城集团进行了3次组织架构调整,京东金融集团进行了两次组织架构调整,物流集团也进行了组织架构调整。

京东的组织架构分为三个部分:前台负责市场洞察、产品创新、精细化运营,围绕B端和C端客户打造业务能力,设立了平台运营业务部、拼购业务部、7Fresh、新通路事业部、拍拍二手。中台提供共享平台的专业职能,通过不断沉淀与组件化输出服务于前段不同业务场景的通用能力;根据业务模式和业务场景调整为生活服务事业群、3C电子及消费品零售事业群、时尚居家平台事业群。另外,中台还有数据中台、技术中台、商城用户体验设计部、其他支持服务的板块。后台负责为中台和前台提供保障与专业支持,包括为商城提供基础设施建设、服务支持、风控职能等。

二、华为

华为一直也没有提及"三台"(前台、中台、后台)的建设,但经过多年的管理变革,其组织早已形成灵活的前台、共享的中台、稳定的后台的模式。灵活的前台更加聚焦项目性、临时性的任务,主要以区域组织(地区部、代表处)的"铁三角"团队组成,构建一支以解决方案经理(SR)、交付经理(FR)、客户经理(AR)为核心的一线作战单元。共享的中台以3大BG(运营商BG、企业网BG、消费者BG)、2大部门网络产品解决方案、Cloud&AI、集团职能平台(15个职能机构)组成。共享的中台为前台"铁三角"提供及时有效的支持,以实现企业中期战略目标。稳定的后台以企业治理架构组成,由股东会、董事会、监事会及四大委员会组成,主要负责企业中长期战略、面向未来的管理体系搭建、文化传承等,为企业前台和中台提供长期稳定的支持。

比较京东、华为的三台(前台、中台、后台)的建设,不难看出以下几点对"三台"建设的建议。

投资型与治理型相结合的后台:企业后台更多地承担投资与治理的角色,会根据战略需要和前台各业务单元表现,给予其资金支持。同时,企业治理是后台实现的基础,通过良好的治理结构,对前中台提供"炮火"支援。

积木型与赋能型相结合的中台:企业中台要做厚,通过不断的标准化、模块化为前台提供组件化管理模块,提供支撑性的平台化服务。同时,中台职能部门转变为服务型组织，为前台、生态圈其他企业、合作伙伴等赋能。

灵活型与探索型相结合的前台：企业前台要做小，通过灵活的业务策略，不断降低试错成本；同时，积极探索能适应未来竞争所需的资源与能力，为后期创新提供基础数据。

笔者在此想提出组织的合久必分、分久必合之道。即组织与战略高度匹配，分合之间与企业当时所处的市场环境、竞争地位、资源与能力等相关。切不可不顾企业自身实际情况，一味照搬其他企业的组织架构，正如齐白石先生所说"学我者生，似我者死"。故笔者在介绍每一个企业案例时，都会描述企业当时所处的背景和市场情况，以便读者了解当下为什么企业会做出这样的决定。

总而言之，流程型组织是建立"三台"的基础，要实现"三台"之间顺畅的衔接，皆与流程型组织相关，可以说，没有流程型组织建设就没有数据中台，数据化第一步就是先流程化。

二、流程型组织设计

流程型组织是以业务流程为出发点，建立的一种以业务流程为中心，以职能服务为辅助的扁平化组织。它是一种围绕以客户为中心的组织设计目的，实现组织高效运营的新型组织形态。

到底是"流程决定组织结构"还是"组织结构决定流程"，一直是管理实践中提及最多的话题之一。业务流程再造之父哈默认为，由于创造价值的是流程，而组织架构只是创造价值的手段，所以，流程决定组织结构。而坚持组织结构决定流程的学者认为，组织架构是显性的，而流程是隐性的，隐藏在各个部门运作背后，所以，没有组织架构就没有流程。

流程相对于组织结构能更快速地感知外部环境的变化，并且可以通过流程调整来适应外界的快速变化。当流程结构要素与规则发生变化时，组织架构也会做出相应的变化。

（一）流程型组织的设计原则

流程型组织的设计原则可总结为以下几点。

（1）以客户为中心，解决的所有问题都是围绕客户价值创造体系进行的。

（2）以流程为主线，管理理念、管理要求、管理活动和业务开展都要落脚到流程上。

（3）以战略为导向，围绕战略意图与战略目标的实现，需将关键任务、关键举措融入流程管理中，成为某一层级的流程的组成部分或是某个流程中的细分子流程。

（4）以组织激活为目标，不断驱动组织资源升级，并处于激活状态。通过打造生态型组织与柔性组织相结合的方式，实现组织的敏捷性。

（二）流程型组织设计三大保障

1. 平台保障

构建打赢"班长的战争"的作战平台，实现组织、资源、能力、权力、责任、流程、IT系统的整合。支撑"班长"实现"任务式指挥"，使其能根据外部环境、运用权力、调配资源，一切为了胜利。

2. 人才保障

识别流程中的关键岗位与角色，也就是"班长"，明确其素质与能力要求，使其成为多专多能的人才。只有当"班长"成为一个作战能力极强的联合体和流程间集成的落脚点时，才能实现"一线直接呼唤炮火"的设想。

3. 机制保障

从客户视角、业务实际出发，既要构建面向客户、端到端的主价值链流程，明确各流程的使命和价值定位、承接的权力框架和职责边界、目标和交付结果，以及流程间的关联关系和协同机制，又要设计例外流程管理机制，真正做到按照流程办事，流程对企业而言就是法律文件。

（三）流程型组织成熟度评估要点

流程型组织成熟度的评估要点主要有以下几项。

（1）企业是否已经建立清晰的客户需求定义，包含客户画像、客户需求模型的建立、培训和宣导。

（2）支撑矩阵式组织的主线业务流程是否清晰，管理层能否写出公司级核心业务流程清单。

（3）业务流程是否依赖管理层成为流程中的关键节点，企业的授权是倾向一线和客户端，而非依赖层层审核模式。

（4）企业是否建立了行政决策、专业决策和技术决策的委员会，且是否实行决策的有效分离。

（5）企业是否看重经验固化和积累，模板和操作指导书是不是衡量专家骨干职位价值的关键要素。

（6）按流程办事是否已经成为企业的法律文件，管理层都无法逾越。

（7）企业是否基于流程设计组织和 IT，组织的功能是否已经改造为资源配置和赋能平台而非业务运作的责任主体。

（8）企业是否有明确清晰的基础效率平台，是否对组织运作的效率提供保障。

（9）企业跨部门管理和业务活动的开展在调动跨部门资源方面规则和标准是否清晰，且资源水平和能力能否满足业务要求。

（10）绩效与激励机制能否支撑跨部门业务运作（基于流程要求的业务活动）的展开。

（四）流程型组织的设计步骤

1. 战略分析

组织设计的目标是确保战略目标的达成。一个企业必须先有愿景、使命、价值观以及为了达成愿景、使命、价值观所要完成的战略目标，然后才是基于这些内容和需要来设立相应的部门，以承担战略目标。

2. 业务分析

业务分析主要就是要明确企业现状与未来之间的差距是什么，只有搞清楚其中的差距，才有可能制定出有针对性的解决方法。业务分析是流程设计的前置条件，只有科学合理清晰地分析出企业要解决的问题才能进行组织设计。

3. 流程设计

业务流程就是企业为了达成既定目标而设定的一系列标准化的步骤，体现一件具体工作"由谁干，先干什么，后干什么"的关系。业务流程也需要根据企业的不同发展阶段、不同发展水平进行动态调整与优化，包括流程的合并、删除、拆分、延伸、调整及业务流程实现方式的转变。

（1）确定战略目标。战略目标主要来源于平衡计分卡对企业战略分解后的财务目标、客户目标、内部运营目标、学习与成长目标，具体包括经营目标（利润率、投资回报率等）、市场目标（市场占有率、销售额等）、人力资源目标（员工流失率、员工招聘达到率等）等。

（2）确定流程架构。流程架构是企业业务运作的高层蓝图，是企业架构的组成部分。流程架构定义了企业业务范围、流程分类、流程之间的关联关系及层级关系，是从流程角度对业务的分解。流程架构主要基于价值链分层分类的方式来构建，要确保同层之间的流程能完全体现上层流程的内容，需符合"完全穷尽，彼此独立"的原则。

(3) 流程架构的分级。

一级流程架构（L1——流程分类）：描述企业各大类业务关系。一级流程并不是实际上的业务流程，而是指示企业大类业务关系的流程，其本身不具有指示业务如何操作的功能。一级流程就是我们所说业务流程价值链的延伸。

二级流程架构（L2——流程组）：描述企业某一项大类业务中第一级子业务。二级流程与一级流程一样，并不是实际的业务流程，而是指示企业该大项业务的子项业务关系的流程。

三级流程架构（L3——业务流程）：描述企业某一项大类业务中某一个一级子项业务如何运作。三级流程与上面两类不同，其本身就是如何进行业务操作的详细流程，如果是详细的业务流程，则它包含了流程图、流程说明、KPI指标等详细的资料。

四级流程架构（L4——子流程）：如有需要将三级业务流程向下进行分解，可以形成四级子流程。四级子流程和三级业务流程参考同样的技术标准。

五级、六级流程架构（L5、L6——操作指导与模板）：与流程对应的操作指导书和模板。

企业流程架构有时会出现变化，其主要原因在于：一是年度审视流程架构的适应性与合理性后做出的调整；二是业务模式的变化。

图6-2为人力资源流程架构（L1—L3）的示例。

(4) 关键成功因素分析法。关键成功因素是在竞争中取胜的关键环节，可以通过判别矩阵的方法进行定性识别。根据关键成功因素分析，对应相关流程，可以分为核心流程与支持流程。

(五) 流程型组织的团队构成

企业在解决各部门、各岗位的职责分工之后，需要进一步明确各核心流程与支持流程在不同部门之间的接口，明确各部门活动的顺序，让企业活动处于一条完整的链条上，保持信息传递的完整性。流程团队中的角色主要有两种类型，一种是流程所有者，另一种是流程执行者。

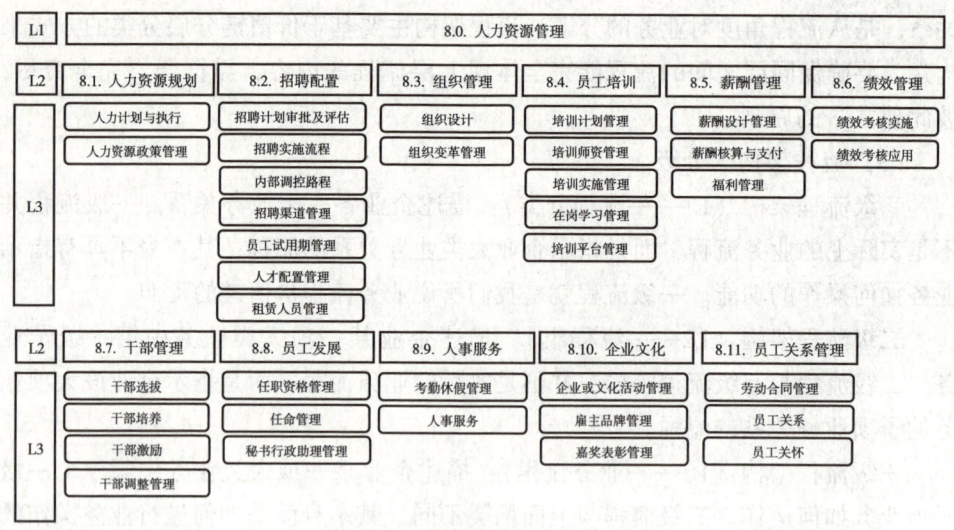

图 6-2 人力资源流程架构（L1—L3）

1. 流程所有者的主要职责

（1）作为本领域流程的第一责任人，对本领域的流程绩效负总责。

（2）承担所辖流程的设计、执行及流程优化的责任。

（3）制定与流程优化管理相关的制度、流程和模板。

（4）参与评估下辖流程的有效性和符合性。

（5）对流程未覆盖的部分或例外事件，制定相应的补充规定与实施细则。

（6）负责本业务范围内的流程管理、培训、优化、推行、评估工作。

（7）参与企业组织的跨部门流程建设。

2. 流程执行者的主要职责

（1）协助组织企业的流程管理小组会议，跟进并管理会议决策事项。

（2）协助对企业重大流程改善项目的督导和协调。

（3）根据流程管理工作计划，跟进并收集流程实施信息，并向流程管理小组通报实施过程中发现的问题。

（4）负责企业流程管理文件的整理、修订、汇总工作。

（六）流程型组织架构的基本框架

组织设计主要表现形式为组织架构。与传统企业组织架构不同，流程型组织的架构设计是建立在流程设计的基础上的，需要根据不同业务、不同信息流向对流程进行划分、分类，以构建不同的流程团队，要将流程团队视为组织结构单元，并设置各流程团队中的结构要素，最终完成组织设计。

1. 根据组织划分原则确定部门设置

常见的组织划分原则包括按产品划分、区域划分、客户划分、市场划分等，无论是哪种划分原则，都是基于流程基础上的。根据不同的划分原则，所划分出来的部门的构成也不一样。按既定的组织划分原则将划分不同的部门，并根据部门所包含的流程，确定流程活动该由哪些部门完成。

2. 组织职能地图

上一步根据组织划分原则，已经将组织划分为相应的部门，下一步则需要通过组织职能地图分析工具（IRMA图，其示例见图6-3）对企业、部门各项职能执行过程中的职责分工进行分析与梳理，以明确各组织的职能定位。同时，应在明确核心流程与支持流程的基础上，将每个活动映射到相关岗位上，明确核心流程和支持流程中每个岗位的角色作用方式。

通过职能分析与梳理会形成公司级组织职能地图总图（用于明确企业各部门之间的职责分工及业务职能边界）与部门级组织职能地图（用于明确部门各岗位之间的职责分工及业务职能细化）。

组织职能地图一共由五个部分组成，分别是组织视图、管理标签、内设岗位、协作分工、量化写实。其中，组织视图按之前梳理的企业流程架构（如一级、二级、三级）进行分类，形成清晰组织视图。之后与现有职能匹配，将结果分为三类，分别为"缺失""已有，但功能发挥不足""已有，且功能完善"。管理标签则主要分为核心职能、支持职能、待新增职能、待淘汰职能。管理标签是用于统一共识的，达成统一共识有利于提升组织效能与企业战略目标。内设岗位、协作分工需要通过IRMA图标识，以明确各项职责的权限及责任分工，让上下级看到IRMA图之后就知道怎么操作。

IRMA图标识说明如下。

（1）主要负责：负责启动某一活动，并确保该活动的顺利完成。对于每一活动（即每一行），原则上必须有且只有一个"R"。

（2）只负责本范围：对本部门或团队的该项工作负责，而不负责其他部门或团队的该项工作。

（3）共同负责：共同负责启动某一活动，并确保该活动的顺利完成。必须有双方或两方以上，但不能在上下级间"JR"。

（4）审核：负责某活动的核实与检查。

组织：组织激活方法论与实践 2.0

说明： R: 主要负责，A-V: 审批，S: 支持，JR: 共同负责，I: 告知或熟悉
R*: 只负责本范围

职能属性（管理标签）				2级	3级	仓库					外地仓管（3人3项目地）	仓管员（5人）	采购	其他部门		
核心职能	管理职能	规划职能	待沟通职能			课长	组长	仓管账务员	仓管调拨员（2人）	管理员 B/M				生管	调试	组装
√				物料点收入库作业	依据供应商送货单核对实物	A-V: 审批	S: 支持	R: 主要负责	JR: 共同负责	R*: 只负责本范围	R*: 只负责本范围	R: 主要负责				
√					物料异常反馈			R: 主要负责	JR: 共同负责	S: 支持	R*: 只负责本范围	R: 主要负责		告知或熟悉		
√					ERP系统录入			R: 主要负责	JR: 共同负责	R*: 只负责本范围	R: 主要负责		告通或熟悉			
√					对应相应储位上架				JR: 共同负责	R*: 只负责本范围	R: 主要负责		JR: 共同负责			
√				发料作业	依据生产领料单备料				JR: 共同负责	R*: 只负责本范围	R: 主要负责			I: 告知或熟悉		I: 告知或熟悉
√					填写库存卡				JR: 共同负责	R*: 只负责本范围	R: 主要负责					
√					核对物料数量与规格		C: 审核		JR: 共同负责	R*: 只负责本范围	R: 主要负责			I: 告知或熟悉		I: 告知或熟悉
√					供料上线				JR: 共同负责	R*: 只负责本范围	JR: 共同负责			JR: 共同负责		JR: 共同负责
√					ERP系统账务处理			R: 主要负责	JR: 共同负责	R*: 只负责本范围	R: 主要负责					
√				退料作业	审核单据是否齐全	A-V: 审批	S: 支持		JR: 共同负责	R*: 只负责本范围	R: 主要负责					
√					依据生产退料单核对数量		C: 审核		R: 主要负责	R*: 只负责本范围	R: 主要负责					
√					确认规格型号				R: 主要负责	R*: 只负责本范围	R: 主要负责					
√					异常物料协调及追踪处理	A-V: 审批			R: 主要负责	R*: 只负责本范围	R: 主要负责			I: 告知或熟悉		I: 告知或熟悉
√					入库并填写库存卡				R: 主要负责	R*: 只负责本范围	R: 主要负责					
√				物料调拨及ECN	ECN物料追踪及处理	A-V: 审批	C: 审核		R: 主要负责	R*: 只负责本范围	R: 主要负责			I: 告知或熟悉		I: 告知或熟悉
√					物料调拨登记	A-V: 审批			R: 主要负责	R*: 只负责本范围	R: 主要负责			I: 告知或熟悉		I: 告知或熟悉
	√				快递单申请及车辆安排				R: 主要负责	R*: 只负责本范围	R: 主要负责					
√					ERP发出及发放入			R: 主要负责	JR: 共同负责	R*: 只负责本范围	R: 主要负责					
		√		不良品返修	返修申请		S: 支持		R: 主要负责	R*: 只负责本范围	R: 主要负责		A-V: 审批			
		√			物料包装出库		S: 支持		R: 主要负责	R*: 只负责本范围	R: 主要负责					
		√			放行单据申请		S: 支持		R: 主要负责	R*: 只负责本范围	R: 主要负责		A-V: 审批			
	√			目视化管理	定容定位定量	R: 主要负责	R: 主要负责		JR: 共同负责	S: 支持	R*: 只负责本范围	R: 主要负责				
	√				看板Layout标示	R: 主要负责	R: 主要负责		JR: 共同负责	S: 支持	R*: 只负责本范围	R: 主要负责				
		√		持续改善	存储空间优化	R: 主要负责	R: 主要负责		JR: 共同负责	R: 主要负责	R*: 只负责本范围	R: 主要负责				
√				盘点作业	定期打印盘点报表			R: 主要负责		S: 支持						
√					对应实物实际清点		C: 审核		JR: 共同负责	R: 主要负责	R*: 只负责本范围	R: 主要负责				
√					异常反馈及处理	A-V: 审批			R: 主要负责	R*: 只负责本范围	R: 主要负责					
		√			改善对策	R: 主要负责	S: 支持		JR: 共同负责	R: 主要负责				JR: 共同负责		

图 6-3 某仓储部门 IRMA 图

(5)审批：审核以批准或否决的权力。

(6)支持：为某活动提供资源支持。

(7)告知或熟悉：必须被告知，但是没有直接影响力。

在企业实际运作中，按核心流程与支持流程来设置组织架构是一种理想状态。但由于企业资源都是有限的，而且组织设计受到很多变量（如组织规模、组织环境、人员与文化、技术、组织战略目标等）影响，基于流程型的组织架构都会出现不同。所以流程型组织并不是一种固定的组织架构形态，有时其组织架构会和职能型组织架构相同或相似，但在实际业务过程中，却是以流程为主导。在流程型组织中，职能的属性由原来的主要管理职能变成了赋能职能、服务职能、业务支持职能。

本章小结

◎ 组织设计应该与战略相匹配。

◎ 组织设计应该沿着业务价值链进行设置，围绕核心业务设计企业整体组织架构。

◎ 如果是集团型企业，组织设计应该基于集团核心管控要点的变化，组织结构设计和运作受核心管控要点的影响，即不同的核心管控要点对应不同的组织结构和运作。

◎ 无论组织的发展趋势是无边界组织、扁平化组织，还是数字化组织，其内核都是流程型组织，因为流程型组织是真正以客户视角、流程方式来驱动组织端到端的管理的。

◎ 组织可以通过将价值创造、价值评价、价值回报融为一体，提升客户对组织的感知与好评。

第七章 人才发展

导读 2018年诺贝尔经济学奖得主保罗·罗莫通过内生增长模型分析了人力资本对经济增长的作用。他认为，经济规模不再是经济增长的主要驱动因素，人力资本的规模才是最重要的。同时，我国"工程师红利"已经取代"人口红利"，成为经济发展的重要力量的现实情况也验证了这个观点。由此可见，作为市场主体的企业，在市场发展与竞争中最关键的因素无疑是人才的发展和建设。

一、人才发展原则与总体策略

人才管理是一个系统，它所关注的不是一兵一卒的得失，它更关注一支队伍的建设。人才管理从选拔开始，选出更优秀的人，通过各种培养活动加速其成长，最终通过绩效展现出能力——优秀即提拔，落后即淘汰，经过不断的循环，留下的人才将是组织的一颗颗"金种子"。

（一）人才发展原则

分工协作：由统一组织对各级人才的聘用、考核、调配、培养进行总体管理，各业务主体根据自身要求对在职人才和储备人才进行培训培养和日常工作的管理。

竞争开放：任何人才必须按照优胜劣汰的竞争规则，"能者上，庸者下"，维持一定的轮换和淘汰机制。

有序流动：人才资源在全组织范围内实行共享，实现人才的有序流动，满足业务发展的需要。

业绩优秀：人才表现为工作业绩优秀，能为组织作出显著贡献。

积极进取：人才应该具有极其强烈的成就动机，对未来的成功有强烈的信念，乐于接受有挑战性的工作，保持创新的激情。

持续学习：人才应该具备持续学习的态度与能力。

多种渠道：采取内部培养与外部引进人才相结合的方式发展和培养人才。

战略牵引：人才培养要有针对性，要基于战略实现的成功要素来制定培养目标，使人才培养在方向和内容上充分匹配组织战略和业务发展的需要。

长期规划：人才培养要有计划性，通过制订系统、清晰的培养方案和行动计划，保证人才培养活动的组织和开展有序、可控。

注重实践：人才培养对人才能力提升和工作效率提高产生作用，杜绝形式主义，通过训战结合的方式，帮助人才在实践中不断成长。

(二) 人才发展的总体策略

战略导向：以支撑组织战略实现和业务发展为目标，通过招聘调配、培训发展、绩效改善、薪酬激励等人力资源活动，为组织发展提供人才保障。

共同成长：人力资源制度和体系的设计和执行要充分体现核心价值观和经营理念，通过合理的制度设计将企业文化融入人力资源体系，引导员工与组织共同成长。

统筹规划：各项人力资源管理的策略应保持一致性和连贯性，确保人力资源政策的统一性，形成相互支持的有机整体。

分层分类：根据员工所属岗位层级、类别的不同，制定有针对性的实施策略，确保不同层次和类型的人才的需求得到满足，能力得到发挥。

二、人才发展体系建设

人才发展的第一步就是识别核心人才，基于未来业务需要和组织设计，确定核心人才需要什么样的能力，以及如何才能以最小代价打造出这样的能力。

(一) 识别核心人才

识别核心人才有两个必要条件，一是判定员工所处的岗位是否为企业的核心岗位，二是判定员工是否满足该核心岗位的职责要求，只有当员工同时满足这两个条件时，才能将员工确定为核心人才。

核心岗位在经营活动中处于重要环节，为组织战略目标的实现承担着重要且不可或缺的职责。判定一个岗位是否为核心岗位，主要从岗位战略价值和岗位稀缺性这两个方面来判定。

1. 岗位战略价值判定

岗位战略价值判定是要从该岗位在经营决策过程中发挥的影响力，通过分析在实现战略目标和经营活动中所起的作用，把组织内部所有岗位的战略价值分为高、中、低三个层级。表7-1所示为岗位战略价值判定矩阵。

表 7-1　　　　　　　　　　　岗位战略价值判定矩阵

岗位价值链 \ 战略地位 \ 决策影响	团队层级决策影响度		部门层级决策影响度		公司层级决策影响度	
	非关键因素	关键因素	非关键因素	关键因素	非关键因素	关键因素
支持职能	低	低	中	中	高	高
业务职能	低	中	中	高	高	高

岗位战略价值的判定要素有三个，分别为岗位决策影响度判定、岗位战略地位判定、岗位价值链位置判定。岗位决策影响度判定，即在战略目标实现的过程中，决策影响层级越高的岗位，其决策影响度就越大。岗位决策影响度主要分为公司层级、部门层级、团队层级三个层次。公司层级的汇报对象是企业负责人；部门层级的汇报对象是独立的功能部门负责人；团队层级的汇报对象是模块负责人，部门秘书、助理类岗位统一以团队层级定义。岗位战略地位判定，即在战略目标实现的过程中，对核心能力提升影响越大的岗位，其战略价值就越大。与核心能力提升关系密切的岗位称为关键因素，与核心能力提升关系不密切的岗位称为非关键因素。岗位价值链位置判定，即将内部运作流程按照业务价值链分为业务流程链和支持功能链，处于业务价值链上的岗位战略价值相对高于支持职能链上的岗位战略价值。

2. 岗位稀缺性判定

岗位稀缺性判定，即从该岗位所需的专业知识和技能的多样性和工作的独立性程度，通过分析员工从刚入职到胜任该岗位所需的培训周期以及岗位获取的难易程度，把组织内部所有岗位的稀缺性分为高、中、低三个层级，并赋予不同分值。表7-2所示为岗位稀缺性判定矩阵。

表7-2　　　　　　　　　　　岗位稀缺性判定矩阵

岗位序列	知识经验 培养周期	单职能专业		单职能综合/多职能专业		多职能综合	
		培养周期短	培养周期长	培养周期短	培养周期长	培养周期短	培养周期长
常规岗位		低	低	低	中	中	高
特殊岗位		低	低	中	中	高	高

岗位稀缺性判定有三个要素，分别为岗位知识经验要求、岗位培养周期、岗位获取的难易程度。按照任职者所拥有的知识技能范围，岗位知识经验要求一般可分为三个层级。其中稀缺程度最高的是多职能综合，要求任职者具备多个专业的知识，同时兼备经营管理知识。稀缺程度中等的是单职能综合/多职能专业，要求任职者具备单一专业的知识，同时兼备经营管理知识；或具备多个专业的知识，只对专业进行研究或应用。稀缺程度最低的是单职能专业，要求任职者具备单一专业的知识，只对专业进行研究或应用。岗位培养周期是从员工初入职到胜任该岗位所必需的基本的职业技能水平所要求的培养周期，其判定标准结合行业特征和组织发展阶段可划分为培养周期长、培养周期短两种。岗位获取的难易程度，特殊岗位的人才资源供需有限，招聘成本高、难度大，而常规岗位的人才资源供需比较平衡，招聘成本相对较低、难度低。

判定一个员工是否为核心人才，主要通过核心人才判定模型予以识别（见图7-1）。核心人才判定模型能够一目了然地展现最重要的、最值得发展和关注的、最值得资源投入的人才，然后针对不同的人才采取不同的对策。

说明：

（1）核心人才判定模型中罗列出的具有能力的绩效合格的人员即为核心人才，如图7-1中的①—⑥方格。

（2）根据帕累托定律，80%的利益是由20%的人才和岗位创造的，"核心人才"是在战略实施核心岗位上的"核心"人员，通常不会超过全部员工数的20%。

人才职位管理目标就是明确职位目标，区分职位价值，清晰发展通道，升优汰劣，促使人才奋进。人才任职资格管理目标就是帮助人才识别差距，关注提升，解决什么样的任职资格标准能指导人才发展的问题。

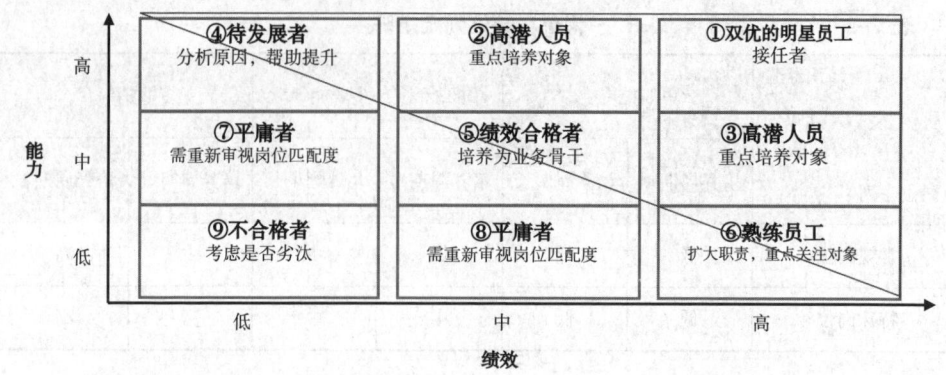

图 7-1 核心人才判定模型

人才职位管理和任职资格是人才发展工作的基础，在此基础上分别从四个维度，即人才选拔任用（选对人才）、人才培训培养（发展人才）、人才绩效管理（评估人才）和人才薪酬激励（激活人才），发展组织人才建设。

（二）人才选拔任用（选对人才）

人才选拔任用的目标就是选拔素质、能力与职位要求最匹配的人才。人才选拔可坚持内部培养选拔和外部人才引进采用不同的分级策略的总体策略，人才任用则应坚持把人才的纵向发展（即人才的"能上能下"）或横向发展（人才的"'之'字发展"）相结合。对于不同层级、类别的人才采用不同的策略，在人才的使用原则方面，坚持用人所长，对于人才不责全求备。

1. 选拔任用评估框架

图 7-2 所示为人才选拔任用评估框架。

人才选拔任用评估说明：

（1）招聘策略主要从企业的不同发展阶段、业务、体系、层级等维度进行评估。

（2）需求分析主要从需求分析的内容、需求分析的维度和需求分析的操作流程等维度进行评估。

（3）岗位编制管理主要从编制原则、配置模型、过程管理等维度进行评估。

（4）渠道和人才库管理主要从企业是否建立内部推荐机制、网络或猎头招聘渠道、人才库管理（企业对标，人才更新及激活等）等维度评估。

第七章 人才发展

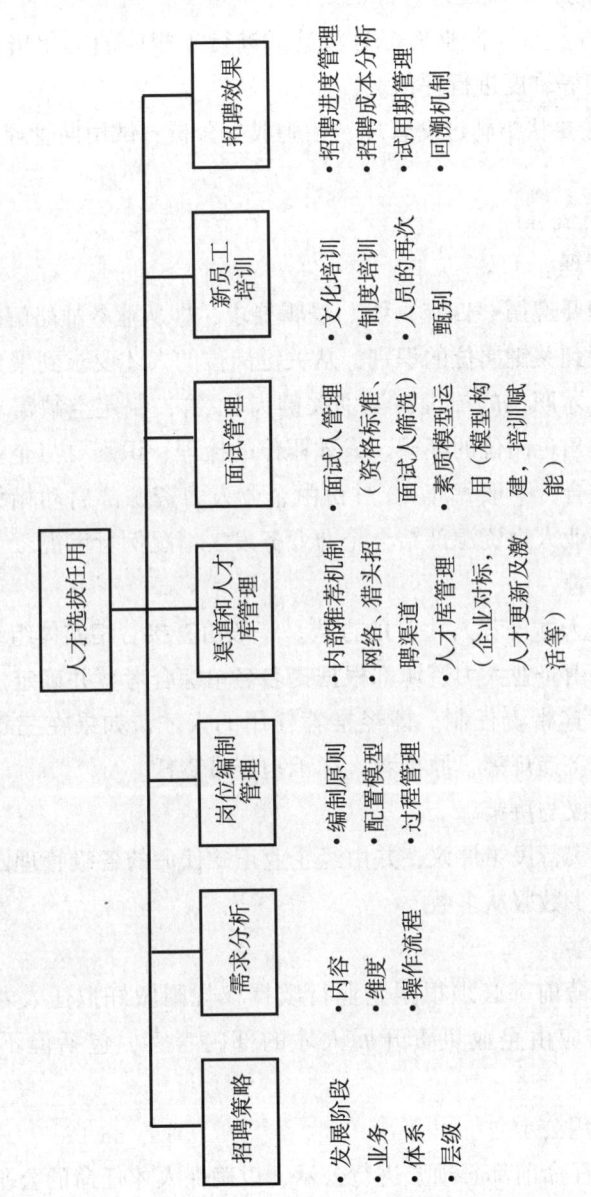

图 7-2 人才选拔任用评估框架

(5）面试管理主要从面试人管理（资格标准、面试人筛选）、素质模型运用（模型构建，培训赋能）等维度进行评估。

(6）新员工培训主要从企业是否对新员工进行了相应的文化培训、制度培训、人员的再次甄别等维度进行评估。

(7）招聘效果主要从招聘进度管理、招聘成本分析、试用期管理、回溯机制等维度进行评估。

2. 人才选拔任用流程

第一步：职位管理。

人才职位的梳理要遵循"四点一线"逻辑要求，即从业务战略解码到人才战略，从人才战略过渡到关键岗位的识别，从关键岗位的人才要求到聚焦人才的选拔和培养上。通过人才职位的梳理，识别关键岗位/群，制定空缺需求清单，并澄清企业对这些关键角色岗位的期望。人才职位的梳理、识别要与企业业务战略和年度业务规划相结合，一般每年10月份由企业人力资源部启动相关工作。人才的职位管理应由企业人力资源部结合企业业务发展情况例行审视。

第二步：人才推荐。

人才选拔采取"人才推荐人才"的方式。一般由直接管辖实体组织行政管理团队成员提名，最终由企业人力资源部根据提名名单综合考察并确定。人才选拔任用时实行人才推荐连带责任制。即经推荐任用的人才，如果在三年内发生问题，如品德问题、经济违规等，原推荐人须承担连带责任。

第三步：任用评议与决策。

人才的选拔任用实行民主评议，并由经企业正式任命的各级管理团队成员投票表决，组织原则为少数服从多数。

第四步：组织考察。

所有人才正式任命前都必须根据企业行政授权规则做好拟任人才的组织考察。人才任用公示前应由企业负责开展人才的部门考察，包括但不限于360°调查。

第五步：人才任用公示。

所有人才在正式任命前都必须要进行公示，以确保人才任命的公平、公正和公开。原则上公示期限为15个工作日。公示期间，任何员工如对拟任用人才有异议，均可以邮件、电话等形式向人力资源部进行投诉。投诉要求实名制，企业不接受匿名投诉，企业人力资源部应承诺对投诉人严格保密。

第六步：人才任用/任免批准。

根据企业"三权分立"要求,对公示后的拟任人才由企业相关授权人批准签发,企业人力资源部门根据批准结果发布正式的任命文件。高层管理人才由董事长批准签发;中层管理人才由总裁批准签发;基层人才由企业执行总裁批准签发;财务和人力资源作为垂直管理的重要支撑部门,其下属人才的任命由财务负责人和人力资源部门负责人批准签发。

此外,拟任人才应在企业发布正式任命前由其上级领导或人力资源部门做好人才的任前谈话与沟通工作。

(三) 人才培训培养(发展人才)

人才培训培养主要用于提升后备人才及人才与职位的匹配度。对于人才培训培养要建立分层分级培养机制,建立人才资源池、继任计划,培养后备人才;系统规划培养策略,分段落实,注重实践。

1. 人才培训培养评估框架

图7-3所示为人才发展评估框架。

人才发展评估说明:

(1) 发展策略主要从企业是否建立了企业大学,是否有明确的培养导向、职业发展通道、培养体系框架等维度进行评估。

(2) 培训需求与规则主要从培训需求、培训规划、培训预算等维度进行评估。

(3) 培训实施管理主要从培训管理制度、培训管理流程、培训前准备、培训过程管理等维度进行评估。

(4) 培训效果主要从满意度评估、培训效果分析等维度进行评估。

(5) 课程开发与管理主要从课程管理制度、课程管理流程、课程开发、课程开发赋能、课程分类管理等维度进行评估。

(6) 讲师管理主要从讲师管理制度、讲师管理流程、讲师选拔、讲师赋能、讲师等级评定、讲师名单等维度进行评估。

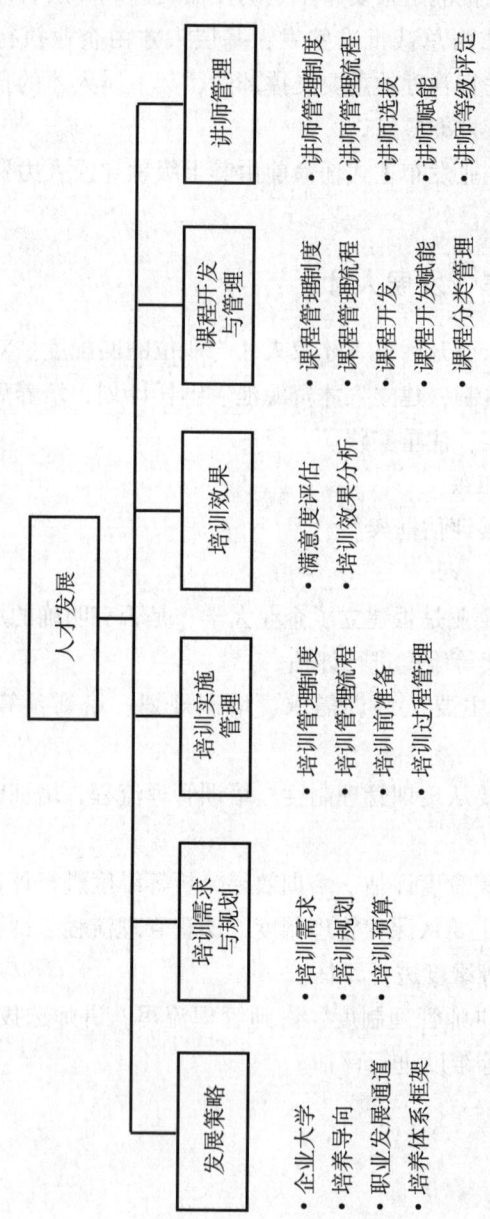

图 7-3 人才发展评估框架

2. 人才培训培养流程

图 7-4 所示为人才培训培养流程。

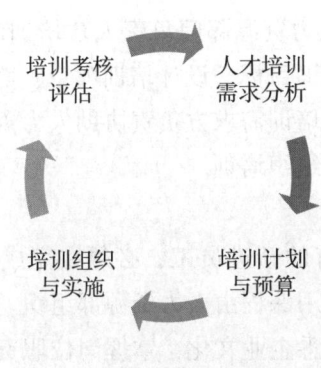

图 7-4　人才培训培养流程

第一步：人才培训需求分析。

人才培训需求分析又分为三个步骤：第一步，设立人才任职资格；第二步，进行培训需求调研；第三步，进行培训需求分析。

第二步：培训计划与预算。

年度培训计划是对人力资源战略及企业人才发展规划的细化，明确企业各年度培训工作的部署，包括计划概要、计划依据、计划原则、培训工作目标、课程计划、重点培训项目、财务预算、培训效果评估及计划控制。按时间长短可分为年度培训计划、季度培训计划和临时培训计划。

（1）培训计划的内容。企业根据人才培养与发展战略和培训需求分析，盘点现有的人才培训项目/课程清单；分析培训需求对培训项目的要求，根据培训预算制订人才培训项目的方案；明确关键的培训对象，制订人才培训项目的实施计划，包括项目实施对象、时间、地点等。

（2）制定培训预算。制定合理的培训预算是培训体系的重要环节。制定培训预算有多种方法，根据企业实践，一般有以下几种。

① 营业收入或利润比例拟定法：按照企业营业收入或营业利润的一定比例，设定培训预算。

② 零基预算法：根据本年度的培训计划，分析、汇总各个培训项目的费用，合计作为年度的培训总预算。

③ 人力成本比率拟定法：按照人力成本的一定比例，设定培训预算。

④业务部门划拨汇总法：由各个业务部门根据业务发展情况，各自申报年度培训预算，再由培训部门进行汇总，形成年度总体培训预算。

第三步：培训组织与实施。

（1）培训组织。企业人力资源部门负责人才培训活动的计划、实施和控制，包括培训需求分析、设立培训目标、设计培训项目、培训实施和评价、建立培训档案等。各职能部门和其他培训需求方负责协助人力资源部门进行培训的实施与评价，同时也可在部门内部组织培训。

（2）培训实施。

①岗前培训。企业所有的新进员工，必须在完成岗前培训并评估合格后方能正式上岗，岗前培训的通用课程由人力资源部组织。岗前培训主要帮助新进员工了解企业的基本情况，熟悉企业文化，掌握岗位职责、知识技能，增强责任心和荣誉感。岗前培训的内容主要为企业文化、企业历史、企业产品、企业业务、部门架构、岗位职责、职业道德、各项规章制度、安全作业规程、工作流程等。岗前培训的形式主要有参观、见习、集中授课、自学等。

岗前培训除了由人力资源部门统一组织的通用课程之外，各部门可组织内部相关培训工作，岗前培训不合格的员工必须参加补考，补考不合格者拒绝录用。各部门可以安排新进员工在工作中进行培训，可以为新进员工指定一位导师，进行一对一互帮互教、师傅"传帮带"等。

②在岗培训。在岗培训是员工在工作岗位上进行的培训，旨在使员工弥补个人的实际工作能力与达到企业目标所需的工作能力之间的差距，使员工个人职业生涯与企业发展紧密结合。在岗培训作为企业整体培训的一部分，可以分为企业组织开展的集中培训、部门内部培训、委外培训、工作中的培训等。

各部门按照企业年（季）度培训计划和工作需要，可以自行组织本部门内部培训，培训前后需向人力资源及行政管理部门登记并反馈内部培训内容和培训实施效果。人力资源部门可以根据各部门提出的派外培训的要求，抽调人才赴外接受培训，培训前后需向人力资源部门登记并反馈派外培训内容和培训实施效果。各部门可以安排员工在工作中进行培训，如一对一互帮互教、师傅"传帮带"、学习小组等。

③培训准备。依照培训计划，确定培训项目的具体实施时间，并根据课程的内容和形式，进行人员和硬件设施的准备。

④培训过程服务。根据授课内容，讲师和培训执行小组成员应讨论确定所需要的培训过程服务，以使学员能够全身心投入培训过程。培训过程服务的内容

包括签到与考勤，课前培训资料的发放，课中培训服务包括茶水、过程衔接服务等。培训形式尽量生动活泼，尤其以小组讨论、游戏体验和角色扮演等互动性比较强的培训形式为佳。

第四步：培训考核评估。

每次培训均需要对培训项目进行效果评估。培训效果评估的方式因培训项目不同而不同，可根据培训的内容、方式、时间长短等由培训管理工作组和培训执行工作组确定。培训执行小组应在每次培训结束后对其效果做出相应的评估和追踪。

（四）人才绩效管理（评估人才）

绩效管理是企业战略执行落地的管理工具。绩效指标体系与企业战略和经营重点保持因果关系，确保战略的落地。绩效管理是以提高员工的绩效表现为导向，最终实现企业目标。绩效结果与薪酬、培训、晋升、降职挂钩，为此，企业应解决什么样的绩效管理导向和方法才能更好地激励人才的问题。

1. 绩效管理评估框架

图7-5所示为绩效管理评估框架。

人才绩效管理评估说明：

（1）绩效管理策略主要从绩效导向、管理组织、管理的流程、分类分级管理（高、中、基层）等维度进行评估。

（2）绩效目标制定主要从战略解码、业务策略制定、指标设置、目标调整、目标形式、目标周期、目标沟通等维度进行评估。

（3）绩效目标实施/绩效辅导主要从监督/跟进机制、改善方法、辅导形式、辅导周期、培训赋能等维度进行评估。

（4）绩效评价主要从分类分级、KPI评分、考核方式、考核周期、考核关系（树）、考核等级比例/分布等维度进行评估。

（5）绩效结果沟通与应用主要从沟通形式与技巧、结果运用、优秀管理实践的分享与推广等维度进行评估。

（6）绩效流程与信息化主要从绩效管理制度、绩效管理流程、绩效管理操作手册、绩效过程信息化等维度进行评估。

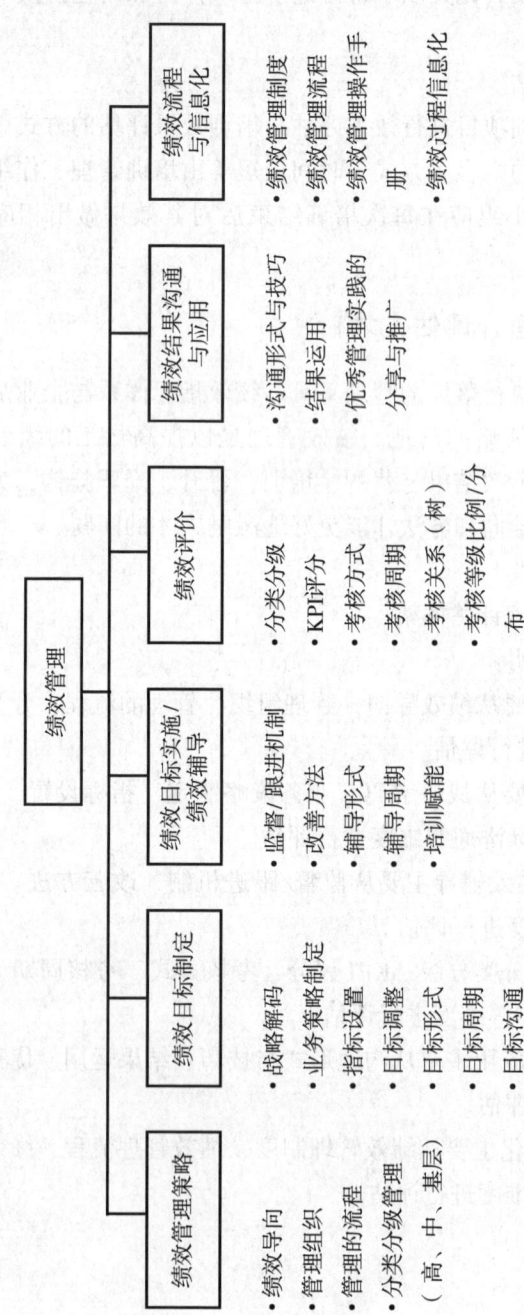

图7-5 绩效管理评估框架

2. 人才绩效管理过程

人才绩效管理的整个过程可分为绩效目标制定、绩效过程辅导、绩效评估、绩效结果反馈四个步骤。

第一步：绩效目标制定。

根据绩效考核周期，分别签订年度个人绩效承诺书和季度绩效承诺书。个人绩效承诺书包括业务目标（权重70%）与个人发展目标（权重30%）。

（1）业务目标。绩效承诺人的业务目标主要来源于其部门年度组织绩效目标责任书，对于同时实行季度考核的绩效承诺人，其季度业务目标为年度组织绩效目标责任书在季度的分解。业务目标主要包括关键绩效指标（KPI）、关键任务（KO）及具体指标分类、评分标准等。

（2）个人发展目标。可根据人才任职资格标准或胜任力测评结果识别为达成绩效个人所面临的能力、经验方面的差距与不足，可围绕这些差距与不足同上级沟通协商，并设定2~4项个人发展目标。个人发展目标应是可以达成的、个人定制化的计划，明确完成时间和衡量标准，同时上级要提供及时的辅导、反馈和发展机会。

第二步：绩效过程辅导。

绩效过程辅导包括定期辅导和不定期辅导，由人力资源部门全程提供技术指导。其中，定期辅导由人力资源部门定期召开绩效例会，通报被考核人、绩效承诺人绩效目标达成状况以及遇到的问题，协商解决办法；不定期辅导由考核人和被考核人不定期进行绩效沟通和辅导，以确保被考核人掌握达成目标的技能并能获得必要的资源支持。

第三步：绩效评估。

（1）季度绩效评估。绩效承诺人根据个人季度绩效承诺书的考核内容及绩效考核数据对绩效目标的达成情况进行初步自评。之后绩效承诺人将个人季度绩效承诺书及绩效考核数据提交至绩效评价者，绩效评价者对绩效承诺人个人绩效承诺书进行打分，并根据绩效得分所在区间确定绩效等级。绩效等级分为S、A、B、C、D五个等级，且每个等级对应不同的绩效系数（见表7-3）。绩效评价者与绩效承诺人面谈后，分别签字确认绩效结果，并将其个人绩效承诺书提交至人力资源部门。

◎ **组织**：组织激活方法论与实践 2.0

表 7-3　　　　　　　　　　　　　绩效等级

绩效等级	等级描述	评分区间	绩效系数
S	卓越	100≤评分	1.2
A	优秀	90≤评分<100	1.1
B	良好	80≤评分<90	1.0
C	一般	70≤评分<80	0.9
D	待改进	评分<70	0.8

（2）年度绩效评估。年度绩效评估分为年度述职和年度绩效等级评定两个部分。每年需分别进行年中和年末两次述职。年中和年末述职的内容、流程等一致，相关考核评价者根据报告结果填写《述职评议表》，其中，年中述职为绩效回顾，述职评议结果不运用，年末述职评议结果与年度绩效结果挂钩。

年度绩效等级评定首先由绩效承诺人对个人年度绩效承诺书完成自评，并提交至绩效评价者完成评分。为确保绩效评估的公平性及一致性，由人力资源部门组织绩效评价者召开年度绩效校准会，确定人才年度绩效等级。

第四步：绩效结果反馈。

绩效评估结束后，绩效评价者需与绩效承诺人进行一对一绩效面谈，对上期绩效表现进行分析，并制订绩效改进计划。

绩效承诺人如对考核结果有异议，有权在考核期间或得知考核结果三天内直接向人力资源部申诉，逾期则视为默认考核结果，不予受理。绩效承诺人向人力资源部申诉时需要填写《绩效考核申诉表》，以书面形式提交申诉报告。人力资源部门负责将申诉统一记录备案，并将申诉表及相应资料提交企业领导审批，经查属实的，应给予考核人相应幅度的处罚。

（五）人才薪酬激励（激活人才）

薪酬激励主要以绩效为导向，使人才之间的薪酬拉开差距。薪酬激励向高绩效者倾斜，旨在激励人才持续创造业绩的同时，提升企业竞争力。

1. 人才薪酬激励评估框架

图 7-6 所示为人才薪酬激励评估框架。

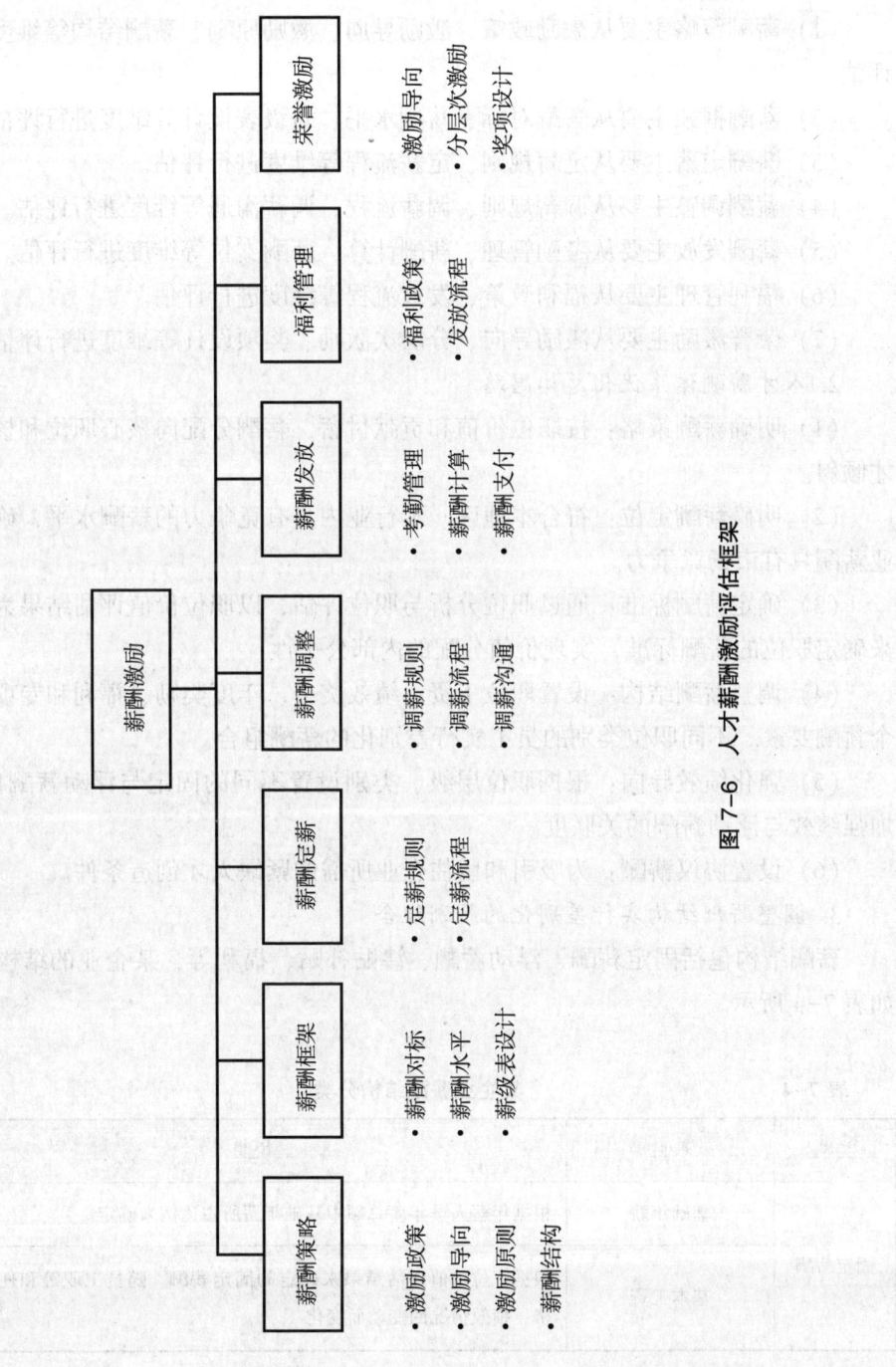

图7-6 人才薪酬激励评估框架

人才薪酬激励评估说明：

（1）薪酬策略主要从激励政策、激励导向、激励原则、薪酬结构等维度进行评估。

（2）薪酬框架主要从薪酬对标、薪酬水平、薪级表设计等维度进行评估。

（3）薪酬定薪主要从定薪规则、定薪流程等维度进行评估。

（4）薪酬调整主要从调薪规则、调薪流程、调薪沟通等维度进行评估。

（5）薪酬发放主要从考勤管理、薪酬计算、薪酬支付等维度进行评估。

（6）福利管理主要从福利政策、发放流程等维度进行评估。

（7）荣誉激励主要从激励导向、分层次激励、奖项设计等维度进行评估。

2. 人才薪酬体系优化总体思路

（1）明确薪酬策略：按职位价值和贡献付薪，薪酬分配向核心职位和核心人才倾斜。

（2）明确薪酬定位：符合本地区、本行业内具有竞争力的薪酬水平，确保企业薪酬具有市场竞争力。

（3）确定薪酬标准：通过职位分析与职位评估，以职位价值评估结果为基础来确定职位的薪酬标准，实现价值分配的内部公平性。

（4）调整薪酬结构：设置职位工资、绩效奖金、年度奖励、福利和专项等几个薪酬要素。不同职位类别的员工实行差别化的薪酬组合。

（5）强化绩效导向：根据职位层级、类别设置不同的固定与浮动薪酬比例，加强绩效与浮动薪酬的关联度。

（6）设置协议薪酬：为吸引和留住企业所需的紧缺人才创造条件。

3. 调整薪酬结构实行差别化的薪酬组合

薪酬结构包括固定薪酬、浮动薪酬、津贴补贴、福利等，某企业的结构分类如表7-4所示。

表7-4　　　　　　　　某企业薪酬结构分类

类别	项目	说明
固定薪酬	基础年薪	根据年薪人员年薪总额中基础年薪所占比例来确定
	基本工资	根据职位价值评估结果来确定的固定薪酬，随员工职等和任职资格、绩效情况的变动而变化

续表

类别	项目	说明
浮动薪酬	绩效年薪	基数与职位相关，与企业/业务单元年度绩效相关
	绩效工资	基数与职位相关，结果与个人绩效结果相关，根据员工绩效奖金基数和绩效结果计算
	增量奖励	超额完成任务目标的奖励，根据岗位和业务类型每年制定目标进行奖励
	超额利润分享	适用于除企业年薪制及协议薪酬以外人员，以企业年度效益为基础对员工进行奖励
	三年达标奖	适用于企业高层人员，是对企业进行过三年价值承诺的人员，以三年为一个周期进行的激励
	业务提成	销售人员的业务提成，是根据销售收入按比例提取的浮动薪酬
	专项奖励	调动员工的创造潜能，激励员工的积极性，增强企业市场竞争力和提高企业经济效益
	股权激励	针对企业核心人才采用的中长期激励项目
津贴补贴	法定津贴	根据国家和地方有关法律法规，企业必须向劳动者发放的津贴，按相关法律法规执行
	特殊岗位津贴	根据国家和有关法律规定，行业特殊岗位需发放的岗位津贴、低温津贴等
	职称补贴	员工取得国家承认的各种职称、执业资格、资格等级等证书后，经评聘流程聘任的，按相应的聘任书资格给予的补贴
	异地津贴	因家庭住址与工作地不在同一地区、不便于照顾家庭的企业正式管理人员，包括管理层新员工异地招聘、集团内部跨区外派等可享受异地津贴
	年功工资	企业为员工在企业服务的年限长度所支付的固定补贴，每月固定发放
	学历津贴	企业为员工所具备的国家认可的学历水平所支付的固定补贴，每月固定发放
	独生子女费	根据独生子女标准发放的补贴
	女工卫生费	企业女员工转正后即享受女工卫生费

续表

类别	项目	说明
津贴补贴	子女助学	员工子女达到上学年龄，并且就读国内外全日制小学、中学、(中、技校)大专、本科学制的，员工享受一个子女助学计划
	其他补贴/津贴	因特殊情况需要设立的临时补贴
福利	五险一金	按照国家和地方法律规定执行
	其他福利	一般性福利、公假性福利按《企业福利管理办法》执行

4. 激励方式与激励组合

为了匹配不同人群的激励需求，企业应考虑不同的激励方式与激励组合，表7-5所示为不同激励方式的适用情况。

表7-5　　　　　　　　　不同激励方式的适用情况

类别	激励方式	适用情况
工资、福利类	职位工资、福利	所有业务场景
奖金类	专项奖励、绩效奖金	知识型员工为主，驱动员工关注绩效 专项工作突破，驱动员工聚焦重点
利润分享类	超额利润分享、分红、达标奖励	与营销强相关业务，驱动销售团队冲锋 与经营强相关情况，驱动经营团队思考
股权类	股票期权、虚拟股票、员工持股计划、创投、跟投	新业务、新领域，资源相对不足，需要员工全身心投入，同时放弃短期利益，与企业长期利益捆绑，如互联网、信息与通信技术、金融等行业

如表7-6所示，不同层级员工对于激励方式的需求有所不同。高层需求多为事业平台、社会认可、身份认同；中层需求多为可以接受一定的风险收益，并且开始有社会认可的追求；基层需求多为以金钱需求为主，希望快速兑现，有更多的安全考虑因素。

表 7-6　　　　　　　　　不同层级员工对于激励方式的需求

分类与层级	工资	奖金		福利		中长期	
		及时	年终	常规	定制	其他	股权
高层	√		√	√			√
中层	√	√	√	√		√	
基层	√	√	√	√			

本章小结

◎ 人才发展是企业长期战略发展对人力资源的需求，主要作用是帮助组织发挥长期优势，为组织持续提供关键人才。

◎ 企业应在盘点现有人才数量、质量、结构等情况的基础上，明确未来人才需求目标，如需要什么样的人才，需要多少，什么时间配置到位等；同时找出现有人才在数量、质量等方面与期望存在哪些差距。

◎ 基于人才地图，通过对关键人才的选拔任用、人才培训培养、人才绩效管理、人才薪酬激励，发展企业人才建设。

第八章 组织活力曲线

导读 人力资源管理中经典的"活力曲线",这个理论出自原通用电气公司(下文简称通用电气)原首席执行官杰克·韦尔奇。通用电气作为全球最早使用"活力曲线"的企业,目的是希望员工能够产生自驱力,而非简单的"末位淘汰"。本章谈到组织能力的"活力曲线"便是指组织能力能够产生自驱力。

一、能量与熵

根据能量守恒定律与熵增原理,世界上的一切事物都是从有序到无序,最终走向灭亡的。管理学大师彼得·德鲁克是第一个把熵的概念引入管理思想中的人,他说:"管理要做的只有一件事情,就是对抗熵增。在此过程中,企业的生命力才会增加,而不是默默走向死亡。"企业如何对抗熵增?实践证明唯有通过耗散,才能保持系统的总熵不变或者降低,从而实现从无序向有序的转变。

(一)能量守恒定律

热力学第一定律即能量守恒定律,是指在一个封闭(孤立)的系统中,总能量保持不变。其中,总能量是指动能、势能、静止能量(固有能量)三者的总量。封闭(孤立)的系统总能量保持不变,即能量既不会凭空产生,也不会凭空消失,它只会从一种形式转化成另一种形式,或者从一个物体转移到另一个物体。

通过能量守恒定律,可以得出以下三个基本结论。

(1)能量不会凭空地产生,也不会凭空地消失。

(2)总能量保持不变,但形式会有变化,要在变化中寻找不变。不变的是规律,变化的是表象。

(3)第一类永动机的失败,证明了世界不存在一劳永逸的事情,唯有持续不断的投入，才能有持续不断的产出。

(二) 熵增原理

热力学第二定律即熵增原理，是指热量不可能自发地从低温物体传到高温物体上或从单一热源吸收热量，使其全部用来做功，而不引起其他变化。熵是表示系统中混乱无序的程度，熵增越大，说明混乱无序的程度越高；反之，说明混乱无序的程度越低。

组织发展也离不开熵增原理，即其熵总是会由低转高，最终走向混乱并失去发展动力的。管理与熵增就像硬币的两面，管理的本质就是对抗熵增。

(三) 耗散结构理论

如何对抗熵增？1977年诺贝尔化学奖得主普利高津提出耗散结构理论，耗散结构是指一个开放系统通过与外界交换物质与能量，从外部吸收负熵以抵消自身产生的熵，进而系统由原有的混沌无序状态转变为有序状态。

耗散结构有两个最为重要的特性，一是开放性，二是非平衡。耗散结构一定产生于开放系统，而一个独立的系统的熵会随着时间不断增大。非平衡是有序之源，所有系统都应走出"舒适区"，找到其"第二曲线"。世界上的万物都有自己的"生命周期"，都会经历诞生、成长、衰退、死亡的过程，每次变化的过程都是一段全新的旅程。组织也同样存在"耗散结构"的特性，通过打造开放系统，不断走出"舒适区"，找到不断增长的"第二曲线"，才能实现基业长青。

【案例阅读：华为组织活力激活】

华为创立于1987年，是全球领先的ICT（信息与通信）基础设施和智能终端提供商，任正非也是一位把热力学第一定律和热力学第二定律应用到企业管理实践中，并进行诠释的企业家。根据热力学第一定律和热力学第二定律，一个物体要克服熵增需要三个条件：开放性，非平衡，持续与外部环境进行能量、物质、信息的交换。

1. 开放性

反熵增最好的路径就是打造"耗散结构"，耗散结构必然产生于开放系统中。2011年1月17日，任正非在《成功不是未来前进的可靠向导》一文中提出：公司长期推行的管理结构就是一个耗散结构，我们有能量一定要把它耗散掉，通过耗散结构使我们自己重获新生。

"耗散"于人才。2016年2月27日，任正非在巴展和乌兰克的讲话《多路径、多梯次、跨越"上甘岭"攻进无人区》中提出：炸开"人才金字塔"。这不仅表现在内部人才的流动和社会招聘的不拘一格上，还体现在两个重要方面：一是为全球顶级人才在其家乡设立研究所；二是拨出大量的经费支持大学教授学者做专题研究，不求回报。

"耗散"于技术。2018年，华为研发费用高达1015亿元，其投入占全部销售收入的14.1%。在"2018年欧盟工业研发投资排名"中位列全球第五。华为在全球有26个研发能力中心，拥有在职的数学家700多人，物理学家800多人，化学家120多人。研发的持续高投入首先是源于对今天的不满足，对未来发展空间的强烈期望。

2. 非平衡

在华为的六大价值观中，艰苦奋斗将非平衡展现得淋漓尽致。2015年，华为一则广告被刷屏了。这则广告是由美国摄影艺术家亨利·路特威勒所拍摄的"芭蕾脚"：一对跳芭蕾舞的脚，右脚破损受伤，青筋暴起，伤痕累累；而左脚则穿着精致的缎面舞鞋，优雅、美丽、光鲜。在这种强烈对比中，整个画面带给人一种直击心灵的力量。这张照片真实地表现了芭蕾舞者舞姿优美背后的艰辛，也是多年以来华为一路披荆斩棘的缩影。

（四）作为组织中每一个人，如何打造一个开放系统，远离平衡态？

下面介绍三种方法，分别是用"成长型思维"代替"固定型思维"，用"多元化思维"代替"单一性思维"，通过在组织中塑造一种勇于变革、敢于创新的组织文化，帮助组织成员克服对不确定性的事物恐惧。

1. 成长型思维

在《终身成长：重新定义成功的思维模式》这本书里，罗尔·德韦克博士发现人与人之间的性格、能力、面对困难和挑战的反应有很大不同，这些不同并非与生俱来、不可改变，而是基于不同的思维方式造成的。在书中讲到人有两种思维模式：固定型思维模式和成长型思维模式。固定型思维模式认为，成功是由天赋和智商决定的，相信才能是一成不变的。成长型思维模式认为，人的能力是可以通过努力来培养的，即使人们在先天的才能和资质、兴趣或者性情方面有着各种各样的不同，每个人也都可以通过努力和个人经历来改变和成长。

固定型思维模式可能会因为低估自己的才能，而失去某一领域的发展机会。也可能会因为高估自己的才能，而致使在某一领域发展受限。所以，对于持有固定型思维模式的人需要了解自己的才能与专长。而持有成长型思维模式的人并不以成败论英雄，而是不计后果地做好当下的每一件事情，并在过程中不断学习与成长。相对于最终结果，不断努力的过程与积极性有着更加深远的意义。

优秀的变革领导者一定是具有成长型思维模式的人。如何将固定型思维模式转换成成长型思维模式？在书中罗尔·德韦克博士给出以下建议。

（1）接纳。每个人在不同领域都有固定型思维与成长型思维，纯粹的固定型思维与成长型思维都是不存在的。所以，接受自身存在固定型思维是第一步。

（2）观察。明确在什么情况下固定型思维会出现，是什么激发了固定型思维。当了解固定型思维存在的原因及时机时，先不急于评价，而是观察。

（3）命名。给固定型思维起个名字，像对待一个朋友一样，逐渐与之分离。

（4）教育。慢慢从固定型思维中走出，不断尝试接受挑战，并从挫折中学习继续前行。

（5）成长型目标。当已经从固定型思维中摆脱时，要设定成长型目标，并牵引达成目标。

当然，拥有成长型思维模式绝非易事，因为固定型思维作为一种"保护机制"更容易被触发。当遇到挫折、挑战、批评时，这种保护机制就会被自然触发，从而抑制成长型思维模式。所以，要了解固定型思维存在的原因及时机，并能够说服这种思维模式与自己展开合作。

2. 多元化思维

查理芒格说过："对于手上拿着铁锤的人来看，世界就像一个钉子。"人的大脑往往根据已有的经验与信息做出判断和行为。在处理简单事物时，这种直接反应机制的确可以帮助人们轻松处理问题。一旦事物超出已有的经验与认知边界时，这种直接反应机制就失灵了。在现实生活中，很多问题都是错综复杂的，仅仅依靠一套思维模式就能解决所有问题变得不切实际。

多元化思维模型就是结合多个学科的重要知识，从不同维度的视角，来分析、观察、思考问题，这样往往会得出一个比较接近结果的判断。多元化思维模型涉及心理学、工程学、经济学、统计学、管理学等多个学科的重要方法与工具。多元化思维模型包括复利原理、排列组合原理、费马帕斯卡系统、决策树理论等。

思维模型是解决问题的有效策略，通过建立多元化思维模型，可以让人们对于同一问题从不同维度看清事物的本质及背后深层次的原因和规律，也可以理解不同维度对于同一事物的不同结果。那么如何构建与应用多元化思维模型？

（1）构建多元化思维模型。构建多元化思维模型需要找到不同学科的相似之处，并将其联系起来，使用结构化思维形成完整的多元化思维模型框架。构建多元化思维模型就是要将点状思维转换为多元化模型思维。借鉴前人经验，并为自己所用是一种比较快捷的方法。通过刻意练习，熟练掌握这些思维模型，并不断优化、实践、思辨，最终形成自己的多元化思维模型。

（2）应用多元化思维模型。针对复杂问题的思考，首先是聚焦关键少数问题，抓住最关键的问题，一旦解决这个关键问题就会形成事半功倍的效果。过于关注眼前的现象，容易造成一叶障目的情况。如果能从短期的视角跳出来，找到那些长期、全局性的问题，从更加宏观的视角寻找解决复杂问题的方法，往往问题就会变得简单。当面临具体问题时，要避免仅仅从问题层面出发，而应该关注产生问题的背后原因。由于每个人的认知层次是不同的，认知层次越高，往往距离因果链更近，认知层次越低，往往距离现象更近。如果能从更高维度视角去看问题，将能够更有效地进行决策。

3. 克服对不确定性的事物恐惧

世界知名的领导力变革专家诺埃尔·蒂奇将人类认识世界的行为习惯与模式分为三个区域，分别是 舒适区、学习区、恐惧区。当人们一旦远离舒适区，就会感觉到不适。新事物的出现意味着不了解、不熟悉，当面临不了解、不熟悉的事物时，人们往往产生不同程度的焦虑和不安全感，从而在某种程度上对改变保持观望和保留态度。改变的范围越广、难度越大、持续时间越长，焦虑和不安全感强度会越大。

人格特质在一定时间与情境中是相对稳定的，但并非一成不变的。通过塑造一个开放式互动的组织环境，可以帮助员工增强对不确定性的容忍能力，形成积极正面的情绪，增强自信，从而获得良好的自我评价和自我效能提升。在组织中要塑造一种勇于变革、敢于创新的组织文化，并将其渗透到每一个组织成员的心中，组织变革就会变得更加坚定和持久。

二、组织能力变革"三板斧"：先僵化，后优化，再固化

组织能力变革"三板斧"就是僵化式学习、优化式创新、固化式提升。从僵化、优化到固化的过程是一种持续学习的方法，也是一种追求永恒变革的思想，这对于任何一个生命的有机体都是适用的，组织发展也不例外。

(一) 组织能力变革"三板斧"之先僵化

僵化指的是将学习对象的具体做法和背后的假设前提,系统地、全面地、无遗漏地模仿和复制下来,可以说,**僵化过程就是全面学习复制的过程**。真正做到、做好僵化其实有两个前提,第一是最高领导必须能坚定不移地推动,并有力排众议之勇气,有势将组织能力变革进行到底之决心。单凭过往的经验去套用新的规则,容易形成形而上学。加之每次组织能力变革一定会触碰某些人的既得利益,出于本能这些人就会站在变革的对立面,千方百计地阻止变革推进,导致组织能力变革的失败。第二是僵化就是"削足适履"的过程,但削比不削好,早削比晚削好。组织越早系统、认真地学习国内外先进管理经验,组织能力变革的成本就越低。等组织规模越来越大、人员越来越多,那时再去做组织能力变革,成本就会比早期高很多。

(二) 组织能力变革"三板斧"之后优化

优化是僵化后的必然阶段,只有经过僵化学习阶段,才能够全面深入地理解最佳实践的精华所在,才能够真正意识到最佳实践的真正价值,掌握最佳实践在组织中需要改进和优化的地方,此时的改进对于组织而言才是具有实际价值的。管理优化分为两大类,第一类是通过僵化而来的,俗称"优化别人的"。此类优化一定要在僵化完成的基础上再进行,切不可边僵化,边优化。另外,优化不是推翻重来,而取其精华,去其糟粕的升级改良。第二类是通过内部实践而来的,俗称"优化自己的"。此类优化一定要保持自我批判的精神,切不可故步自封、浅尝辄止。

毋庸置疑,辩证、历史地看待僵化是极其重要的,僵化是有阶段性的,僵化是一种学习方式,僵化不是妄自菲薄,更不是僵死。僵化期过后,就需要进入优化阶段以至进入固化阶段。

优化过程是组织与个人不断精进与提升的过程,只有持续认真地自我批判,**才能真正地吸收先进的东西与优化自己**。优化的目的是让组织能力变革变得更加个性与实用,且不可为优化而优化,这种徒有优化之名,而无优化之实的做法并不可取。

(三) 组织能力变革"三板斧"之再固化

固化是将僵化和优化的成果转变为制度系统和文化系统,并用其指导和监督日常经营管理行为方式,最终固化到全员的思想与意识之中。**固化的意义是将最佳实践成果的内化过程转化为一种永恒的机制,这是一种持续自我更新与自我优化的机制。**

热力学第一定律告诉我们,不变的是规律,变化的是表象。管理的本质就是不断地把例外事项变为例行事项的过程,这个过程就是不断固化的过程。通过不断固化,就可以使我们在进一步夯实的管理平台上,再建一层楼,使核心竞争力获得持续有质量的提升。因此可以说,固化阶段是组织能力变革的重要一环。

三、赋能激活组织"活力曲线"

《重新定义公司》一书中提道:"未来组织最重要的功能不再是传统的管理或激励,而是赋能。"组织赋能是指组织由上而下地释放权力,通过去中心化的方式驱动组织扁平化,最大限度地发挥个人才智和潜能。赋能也是组织开放引入外部合作伙伴和创业者,同时进行"三台"(前台、中台、后台)互相交换能量的反熵增过程,其最终目标为实现组织激活。

(一)赋能型平台

赋能型平台将是大势所趋,无论是小米的生态链赋能,还是京东的零售赋能,都是平台型企业进化出的一种新型协作机制。一个好的赋能平台能在组织发展的不同阶段进行个性化赋能,与组织建立一种长期伙伴型关系,并在此过程中,不断给予工具与方法论的支持,帮助平台内的所有成员解决成长中的问题。

【案例阅读:小米赋能】

渠道赋能: 小米利用现有的营销渠道销售其赋能品牌,如云米自营产品通过小米"有品"渠道进行对外销售,"有品"收取云米销售金额的8%作为服务费用。云米负责产品研发设计、外包生产等,小米负责产品定义、设计等环节的讨论并全权负责销售。

品牌赋能: 云米最初的产品线只有小米热水器,通过小米品牌效应,助力云米在创业初期赢得消费者的认可,并使产品延伸到物联网智能家居产品(智能厨房产品、智能净水系统、净水器过滤器等)。

思维赋能: 结合小米去中心化与泛互联化思维,云米通过IoT(物联网)的产品矩阵和智能联动构建全屋互联的场景体验。结合小米极致性价比思维，云米通过性价比商品引流，再利用 AI 和 IoT 技术来形成用户黏性和网络效应。结合小米智能化思维，云米通过硬件融合 AI、大数据算法等，做出颠覆式的创新。

如何建立赋能型平台？

1. 建立客户参与的价值评价体系

在价值管理链中，价值创造与价值分配是相对明确的，而价值评价一直存在一定的灰度。通过建立客户参与的价值评价体系，能够更加客观地评价价值创造过程，为价值分配提供相对客观的依据。这里客户既包括内部客户，如各部门、各事业部、各业务单元等，也包括外部客户，如供应链合作伙伴、渠道伙伴等。

2. 划小核算单元，实行市场化核算

将组织整体划分为多个利润中心，建立内外部市场化机制，进行独立核算。内部市场化的建立有利于新产品和新组织的孵化，保留原组织中的优秀人才。外部市场化的建立有利于让客户参与产品设计、营销等环节，吸引外部优秀人才。

3. 利用科技手段推动赋能型平台的建立

利用数字化、人工智能、云平台等科技手段，改变组织生态，通过科技赋能，不断推动赋能型平台落地。

（二）赋能型组织

在 VUCA 时代，原有的科层型组织已无法适应快速多变的互联网时代，分布式、多中心的组织控制方式是大势所趋。在这种模式下，人人都可能是中心。

在去中心化的扁平组织中，一个人在组织中的定位不再是固定的岗位上扮演一个固定的角色，一个人的角色可能是多重的。在这种组织形态中，没有明确的角色分工，角色可能是随机产生的，有时候你可能扮演领导、组织协调的角色，有时候你可能又是具体执行操作的角色。员工在这类组织中能突破深井，打破岗位壁垒，形成一岗多能的战斗力。

教练式领导角色的转变是组织建设过程的难点。在传统科层式管理模式中，领导者常常扮演"英雄"和"批准者"两种角色。英雄式领导往往有着异于常人的决策力，身先士卒，带领团队冲锋在前。然而团队中的个人英雄主义会破坏整个团队能力建设。批准者式领导仅仅是权力上的批准者，不仅拖延了决策流程，也使领导者的角色变得毫无价值。唯有教练式领导，能够构建组织生态系统，不断发掘团队中成员的优点，促进团队之间的沟通，引导与激励团队完成既定的目标。

如何建立赋能型组织？

1. 建设去中心的扁平化组织与相关机制，突破深井，化繁为简

建立大组织、小团队，通过敏捷化思维方式，让信息快速在组织中流动，并形成"一线直接呼唤炮火"的机制、内部结算交易机制、沟通机制等配套机制。

2. 培养从"班长"开始，未来的战争是"班长"的战争

在权利与资源不断向下倾斜的大背景下，如果"班长"能力不足以承接，势必陷入"一管就死，一放就乱"的恶性循环。如何帮助"班长"不断在实践中磨炼与成长，是建设赋能型组织的关键。

3. 教练式赋能，相比外部激励，组织内部激励更加有效、持久

作为教练式领导者首先是激发组织内部激励，让组织中的成员感觉被重视、被包容；赋予员工更大的权力与自由，充分调动组织中的成员主人翁精神。当组织中的成员达到预期结果时，及时反馈，毫不吝啬地赞美行动成果，激励成员主观能动性。

（三）赋能型团队

VUCA 时代，组织微粒化的发展特征日趋显现，团队作为组织的最小作战单元，想在未来激烈的商业竞争中持续胜利，必须加强团队建设。经典军事名著《孙子兵法》谋攻篇有云："上下同欲者胜"，意指上下同心，才能取得胜利。团队的赋能分为两种，一种是"自我赋能"，另一种是"赋能予他人"。自我赋能就是自我驱动，赋能予他人就是组织自上而下把权力赋予个人。两者的目标都是将团队个体塑造成复合型人才，最终进化为团队。**在打造赋能型团队中，有四个要素最为关键，分别是文化、信任、共享、开放。**

1. 如何建立赋能型团队中的文化？

任何一个团队都需要有自己的文化，这里说的文化不是整体的组织文化，而只是这个团队中所有成员认可的团队文化。良好的团队文化是高度一致性与高度自主性的结合体，让团队中每一位成员对目标具有一致的理解，同时也可以让团队中的每一个成员根据所处实际的情况作出决策。良好的团队文化可以确保团队能吸引志同道合的成员加入，让团队中的每一个成员形成共同语言与共同的价值观，降低沟通成本；可以让团队中的每一个成员找到自身定位与归属感，同时也可以更好地实现自身价值。

为了建立赋能型团队，团队应该明确团队文化，并使用易于传播的方式，让

团队中每一个成员记住自己团队的文化；将团队文化中每一项与行为进行对照，形成可以考核的指标；不断持续传播与更新团队文化。

2. 如何建立赋能型团队中的信任？

团队的信任就是把自己的后背留给其他成员。信任在管理中最直观的表现就是授权。一个互信的团队，是建立在高度信任授权体系下的。当团队中的每一个成员都能自主地去实现价值创造，并在此过程中不断与其他成员进行协同时，才能真正建立起团队信任。由于团队成熟度不同，团队领导可以根据实际情况给予不同程度的授权。团队成熟度越高，给予授权范围越大，使其能在最大范围内自我决策；团队成熟度越低，给予授权范围相对越小，领导者需要凭借自己的经验帮助团队成员进行决策。

3. 如何建立赋能型团队中的共享？

在赋能型团队中，信息、目标、利益共享至关重要。信息共享让团队中的每一个成员都能够得到更充分的信息，使其对自己的权责更加了解，是提升组织内部运行效率的最佳方式。信息共享是赋能的基础，好的信息共享，让团队中的每一个成员都有机会成为领导者。只有在充分信息共享的基础下，这样的团队才有活力又不至于混乱。目标共享能让团队中的每一个成员都对目标了如指掌，同时了解可调用的资源，团队中其他成员如何合作，以及会取得什么样的效果。利益共享能让团队中的每一个成员有权自主制定目标，并赋予其相关的权力，使其可以独自承担责任与风险，最终分享利益。与传统组织常用的 KPI 考核不同，赋能型团队只对最终结果负责，而非通过过程指标定性。

为了建立赋能型团队，团队领导者可以通过数字化工具，建立团队的共享资源和协同信息，提升团队整体的创造力；利用信息化手段，让团队之外更多人参与到实际项目中，让客户真正参与组织运营过程，倒逼内部管理不断升级。当众多的赋能型团队都出现共性化需求时，可以成立专门的内部职能部门或以服务外包的形式进行集中化处理。

4. 如何建立赋能型团队中的开放？

如何能有效对抗熵增，其中很重要的一点就是保持系统的开放性。团队中的所有成员需要不断地与外界交换能源，从外部吸收负熵以抵消自身产生的熵。保持开放的思想是其前提，只有保持开放的思想才能够发现更多的可能性，以面对未来的不确定性。对此，组织需要打造团队容错机制，不断从失败中学习与成长；推动技术革新，关注主要技术发展趋势及运用，包括大数据、人工智能、区块链等；向业界最佳实践学习，积极展开外部合作。

本章小结

◎ 组织能力变革"三板斧"：先僵化，后优化，再固化。

◎ 组织能力的"活力曲线"分为"第一活力曲线"与"第二活力曲线"。组织能力的"第一活力曲线"是指一般组织能力在原有的行业、市场、区域中还能保持较高的增长。对于组织能力的"第一活力曲线"的突破需要坚持、突破和聚焦。组织能力的"第二活力曲线"是指一般组织能力在原有的行业、市场、区域中出现增长停滞或倒退。对于组织能力的"第二活力曲线"的突破则需要重新梳理组织过去的成功经验和优势，结合新机遇，找到新的组织能力增长点。

◎ 随着VUCA时代的来临，传统的组织功能正在发生变化。通过赋能激活组织活力，将是大势所趋。赋能型平台、赋能型组织、赋能型团队的崛起，也证明了自我驱动型组织将是应对VUCA时代最佳的组织形态。

第九章　组织管理诊断与组织活力"四张地图"方法论

导读　组织管理成熟度评估模型作为一套全面反映组织管理工作的标准化框架体系，不仅是诊断与评价组织管理能力的实用性工具，而且是引导组织管理能力逐步自我发展成熟的标准指南，能够帮助落实组织管理意图，落实组织管理转型成果，推动组织管理水平整体提升。

组织活力"四张地图"的价值也不在于其任何单一的地图，而在于综合、系统地应用这"四张地图"的组合。同时，"四张地图"统一的管理语言，让管理变得有规律可循。从战略、组织、氛围、人才四个维度，进一步提升组织活力。

一、组织管理成熟度评估模型

组织管理成熟度评估主要从治理与管控、组织形态、职位管理、组织规模、组织运作、组织绩效这六大维度进行分析（见图9-1）。

组织管理成熟度评估要素说明：

(1) 治理与管控主要从治理架构有效性、组织管控的组织、组织管控的流程等维度进行评估。

(2) 组织形态主要从组织形式的定义、组织设计原则、组织变更规范、流程化组织管理、矩阵式组织管理等维度进行评估。

(3) 职位管理主要从职位设置、职位变更、职位分类分级、职位价值评估等维度进行评估。

(4) 组织规模主要从组织规模设置原则、组织规模管理、人力规划及预算管控等维度进行评估。

(5) 组织运作主要从核心管理团队与集体决策、跨部门团队、业务流程、授权管理等维度进行评估。

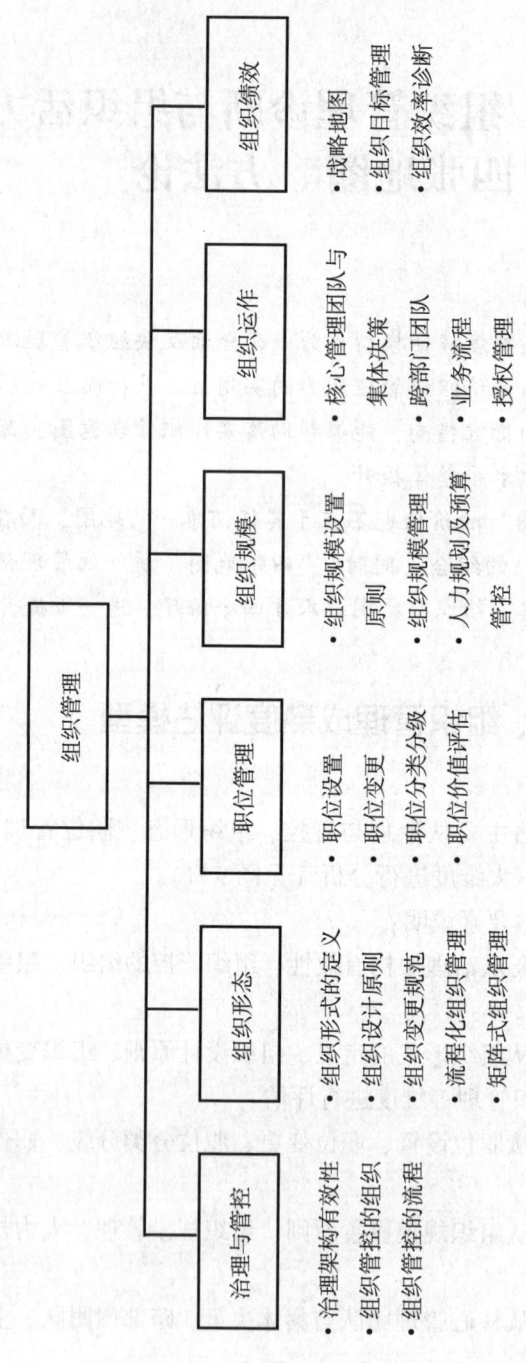

图 9-1 组织管理成熟度评估模型

第九章　组织管理诊断与组织活力"四张地图"方法论 ◎

（6）组织绩效主要从战略地图、组织目标管理、组织效率诊断等维度进行评估。

（一）组织管理成熟度评估模型说明

（1）组织管理成熟度评估模型是对整个组织管理的评价，不是特指对组织管理部门的能力评价，也不仅仅是针对某项具体的业务，而是从整体视角对组织管理进行的全面评估。

（2）评估标准充分考虑了国际和国内组织管理的先进经验和最佳实务，按照评价标准对组织管理工作进行评价。

（3）评估标准仅指明每个标准该做什么，而没有指明如何达到这个标准，它不是全部的方法论，但是可以从中借鉴评价实务的框架。

（二）组织管理成熟度评估模型的评价方法

1. 访谈

访谈是主要评价方法之一，访谈工作的开展不仅仅是在调查之初，而是贯穿于整个评价过程和各个职能领域。访谈的内容与目标主要有如下几点。

（1）了解被评价部门的组织运作模式、组织管理目标、管理层意图，有利于获得对实施承诺的支持。

（2）了解被评价部门的组织管理风格、人员能力和素质等基本情况，建立对被评价部门组织管理现状的基本感受。

（3）了解被评价部门的基本业务流程、运作方式、相关部门对被评价部门的满意度、被评价部门对业务的支持程度，验证对被评价部门组织管理能力访谈内容的真实性、完整性和有效性。

2. 资料研读

通过对制度、流程、日常相关管理报告的收集和阅读，获取评价的书面支持证据，加深对被评价部门的认识。相关资料包括但不限于该组织近三年的目标分解、战略规划类文档，近三年高层年终总结，近三年财报，近三年主要业务收入总额、来源及构成明细，主要竞争对手分析报告，近三年国内外市场同类产品销售额的数据，近三年企业组织结构图、职位说明书等。

3. 流程与制度执行情况分析

对于完整的流程与制度，通过抽取多个相关处理流程、内控流程及相应的制度执行情况的检查，验证其评价控制设计的有效性，确定相关制度是否得到有效执行。

二、组织活力"四张地图"

组织活力"四张地图"的本质就是要系统地诊断问题并系统地解决组织活力问题。如果把组织活力体系形象地表述成一棵树,那么战略地图就是这棵树的树干,决定了这棵树向何处生长以及准备长多高;组织地图则犹如枝干,通过尽可能宽地延伸枝干,可以使这棵树充分地吸收充足的阳光;人才地图则好似树叶,通过光合作用,使这棵树茁壮成长;而氛围地图有如气候,时刻影响着战略地图(树干)、组织地图(枝干)和人才地图(树叶)。组织活力"四张地图"具体如图9-2所示。

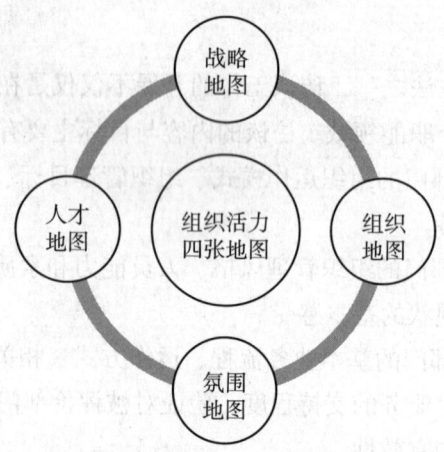

图9-2 组织活力"四张地图"

(一)战略地图:打通战略规划到执行闭环

战略地图——平衡计分卡是美国著名绩效管理专家卡普兰与诺顿开发的战略绩效管理工具。它是一种管理和描述战略目标的绩效管理工具,通过财务、客户、内部运营、学习与成长四个层面衡量组织绩效;同时也是一种战略管理工具,打通战略到绩效的循环,把战略变成行动。

战略地图四个层面(财务、客户、内部运营、学习与成长)的框架内容、绘制战略地图的六个步骤、战略地图分类等相关内容,由于之前在笔者的《战略:战略管理方法论与实践2.0》一书中已经做过详细介绍,这里就不再赘述,感兴趣的读者可以自行阅读。

(二) 氛围地图:融合组织文化到氛围渗透

氛围地图包括两个维度,一是组织文化,即使命、愿景、价值观;二是组织氛围。

组织文化,是解决组织如何对外生存、对内共同生活的一套哲学。明确组织存在的价值、组织发展的目标、组织如何生存等问题,是组织内所有成员的共同价值观,具有鲜明的组织特色。组织氛围,也称为团队氛围,是员工在团队工作中的感觉。

如何构建组织文化?首先需要明确组织使命、愿景、价值观是什么,然后通过组织文化落地"三部曲"与"三板斧"不断强化这种氛围。

1. 使命:组织存在的理由

使命界定的是组织存在的理由和目的,反映的是组织的业务范围、生存和发展目标、主要顾客、经营原则、社会责任等定位生存的目的。使命为组织和合作伙伴提供一个明确的发展方向,让组织中的每个人都能清楚自己工作的落脚点。

使命,往往在组织生死攸关、面临重大利益抉择时发生作用。使命是组织骨子里真正坚信的东西。使命不分大小,它是一种极端的执着和热爱。

确定组织的使命需要回答的四个命题:组织是做什么的(核心业务是什么)?要做些什么才能实现组织的增长和发展?组织为什么要做这样的事情?在为谁做这样的事情?表9-1所示为使命的设计维度及标杆示例。

表9-1　　　　　　　　　　使命的设计维度及标杆

设计维度	维度举例
社会/企业价值	腾讯:通过互联网服务提升人类生活品质; 通用:以科技及创新改善生活品质; 索尼:体验发展技术造福大众的快乐; 宝洁:努力改善人们的生活素质; 碧桂园:希望社会因我们的存在而变得更加美好
客户价值	沃尔玛:给普通百姓提供机会,使他们都能买到同样的东西

使命的输出要求：简明扼要地阐述"组织是做什么的？为什么做？为谁做？意味着什么？"这些问题。使命的陈述应当简明扼要，突出组织的独特性；清楚易懂，为组织所有成员所认同。图 9-3 所示为使命输出常用结构示例。

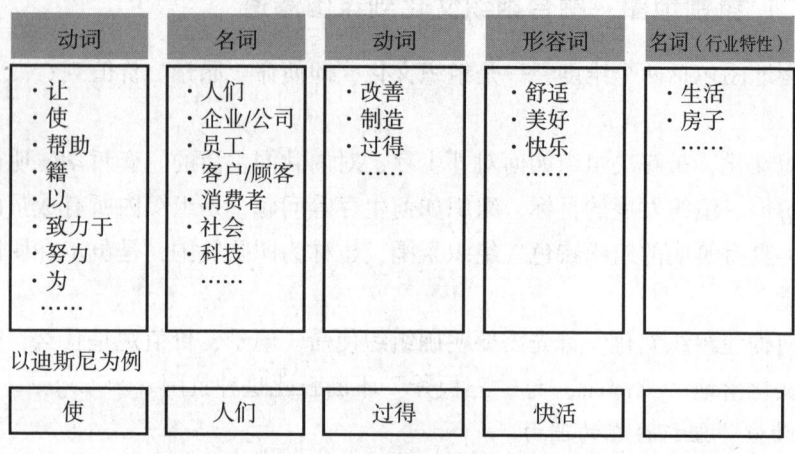

图 9-3　使命输出常用结构

说明：图 9-3 中的五个部分仅为常用结构，在具体实践过程中，可以依据每个组织的习惯减少或增加。

2. 愿景：希望成为什么样的组织

愿景是对组织未来发展方向的一种期望、预测和定位，是组织长期愿望和未来发展的蓝图，也是组织永恒的追求，更是对组织前景和发展状况的高度概括。

愿景是组织的阶段目标：有了使命之后，员工接下来关心的应是组织会发展成什么样，以及员工有什么好处。管理者应该思考组织未来将实现哪些阶段性目标，这就是组织的愿景。愿景要有阶段性，是对组织 10 年、20 年后的大致规划。

愿景需要回答的三个问题：要到哪里去？未来是什么样的？目标是什么？表 9-2 所示为愿景的设计维度及标杆示例。

表 9-2　　　　　　　　愿景的设计维度及标杆

设计维度	维度举例
社会价值	华为：丰富人们的沟通和生活； 通用电器：使世界更光明

第九章 组织管理诊断与组织活力"四张地图"方法论

续表

设计维度	维度举例
企业价值	腾讯:最受尊敬的互联网企业; 华润置地:成为大众信赖和喜爱的全球化企业
客户价值	福特汽车:汽车要进入家庭; 麦肯锡:帮助杰出的企业更为成功
多元价值	索尼:为包括我们的股东、客户、员工,乃至商业伙伴在内的所有人提供创造和实现他们美好梦想的机会

愿景的输出要求:回答"组织想成为什么样子?"的问题。愿景是组织对未来预想的具体描述;好的愿景陈述应当简明扼要,突出组织的独特性;应当清楚易懂,为组织所有成员所认同;要能凝聚意志和鼓舞士气,并用有感染力的、生动而清晰的语言描述。图 9-4 所示为愿景输出常用结构示例。

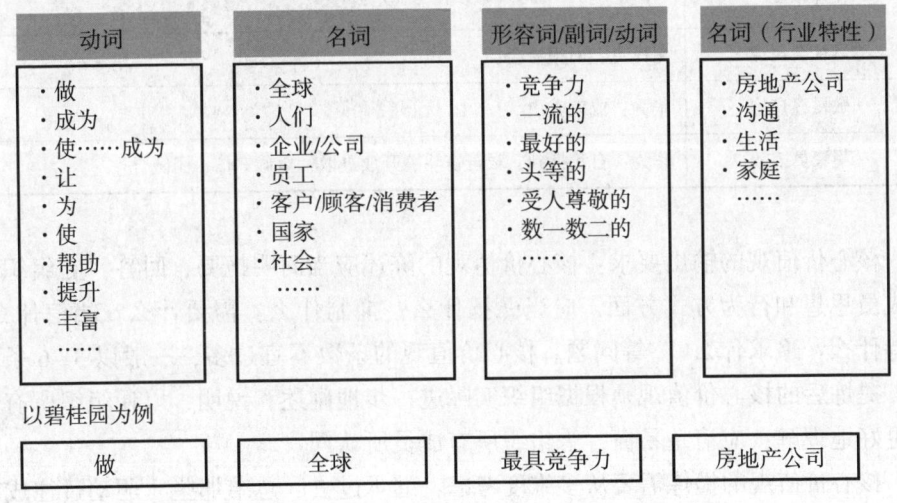

图 9-4 愿景输出常用结构

说明:图 9-4 中的四个部分仅为常用结构,在具体实践过程中,可以依据每个组织的习惯减少或增加。

3. 核心价值观：共同坚守的信仰和判断是非的标准

有了使命和愿景，组织就有了存在的意义和要实现的目标，接下来就是要约法三章，而价值观就是组织在前进路上的经营准则。组织的制度是用来强调使命、愿景和价值观的。组织的价值观如果确定得好，所有制度都围绕着价值观建立，制度管控就可以少很多。因为在同一套价值观的驱使下，员工会明白很多事情即使没有明文规定，但是如果与组织价值观相违背，大家也不会去做。

价值观是关于组织行为价值的一定信念、倾向、主张和态度的观点，是指导组织行为的一系列基本准则和信条，起着行为取向、评价原则、评价标准的作用。价值观是组织领导者与员工判断事物的标准，为组织的生存与发展提供精神支柱。价值观是关于如何完成使命和达到愿景的行为准则的定义。

组织核心价值体系要解决的三个问题：我是谁？我从哪里来？我要到哪里去？

表9-3所示为核心价值观的设计维度及标杆示例。

表 9-3　　核心价值观的设计维度及标杆

设计维度	维度举例
尊崇社会规律	星巴克：回报社会
敬畏客户	华为：成就客户
凝聚员工	华为：自我批判、艰苦奋斗、开放进取、至诚守信、团队合作

核心价值观的输出要求：核心价值观的陈述应当简明扼要，回答"在组织所有成员思想和行为方式方面，应当弘扬什么？抑制什么？需要什么？相信什么？坚持什么？追求什么？"等问题。核心价值观的条数不宜过多，一般以3~6条为宜；提炼后的核心价值观须根据组织实际进一步地阐述和说明，以便组织所有成员更好地理解；应清楚易懂，为组织所有成员所认同。

核心价值观的提炼需要从多维度考虑：继承过去，总结那些"驱动过往成功的关键文化要素"（有多项），然后通过合并同类项的方式找出其中最关键的几个要素；未来要求，通过对战略的理解，分析宏观环境、行业环境、内部环境的要求，总结出满足这些要求需要什么样的文化；学习标杆，通过标杆学习，理解标杆在文化方面的特点，能从标杆身上借鉴哪些核心价值观。

表 9-4　　　　　　　　　　核心价值观输出常用结构

尊崇社会规律	敬畏客户	凝聚员工	
遵纪守法	质量优先	公平公正	坦诚沟通
热心公益	服务优先	狼性竞争	诚实守信
法律意识	技术引领	合作共赢	艰苦朴素
回报社会	喜悦用户	互敬互助	锐意进取
道德规范	成就客户	居危思进	务实精神
服务人民	客户至上	团队协作	爱岗敬业
安定团结	……	团结互助	勇担责任
平等自由		拼搏创新	开放进取
社会和谐		结果导向	敢于冒险
……		内向思维	勇于创新
		危机意识	拥抱变革
		效率优先	以人为本
		关爱员工	利润至上
		艰苦创业	自我批判
		奉献精神	集体奋斗
		结果导向	敢于担当
		主人翁意识	居安思危
		……	……

　　随着时间的推移，每个组织最终都会逐渐形成自己独特的文化氛围。同样地，任何一个小团队也会在独特的小环境中逐渐形成自己的团队氛围。在文化浓厚的组织中，小团队之间的文化氛围差别不大。然而一般来说，构建了组织核心价值观的基石之后，每个团队都能在核心价值观的前提下结合业务需求形成自己的组织氛围。

　　那么，如何构建组织氛围？首先便是需要对现有的组织氛围进行评测，找到问题产生的真正原因，并依次制定改善计划表；然后通过定期回顾与检讨，完善与优化改善计划表。

　　组织文化再造、组织文化落地、组织氛围的相关内容，基本上已经在本书第三、第四章做过详细介绍，这里就不再赘述。

　　著名文化大师霍夫斯坦德在《文化与组织：心理软件的力量》一书中是这样描述组织文化与组织氛围之间的关系的："组织氛围比组织文化对个人的动机与行动的联结更贴近，而组织文化则是归属于组织整体的层级，因此管理者如果希望促进组织文化的发展,应该首先从改善组织氛围着手,从表层上解决员工对工作环境的共同心理知觉问题,感知组织文化的表面层,从而在短期内调动员工的工作动机和行为。之后则是通过组织氛围的全面改善,接触到组织文化的价值观,最后再将影响力延伸至组织文化的基础假设。"

(三)组织地图:理顺组织内外部协作关系

组织设计领域专家理查德·L.达夫特在《组织理论与设计》一书中提出,组织作为一个实体,必须同时具备四个要素:有明确的目标导向、精心设计的组织结构、有意识协同的活动系统、同外部环境保持密切联系。其中,有明确的目标导向实质是指组织文化(使命、愿景、价值观);精心设计的组织结构、有意识协同的活动系统实际是指组织内部协作关系;同外部环境保持密切联系实际是指组织内外部协作关系。内部协作关系主要通过流程地图与组织职能地图体现组织之间的协作关系;而外部协作关系主要通过管控关系与权责分布体现组织之间的协作关系。

本书在此简要介绍一下**流程地图**的相关内容。

流程地图是将各业务流程领域的所有流程以带箭头的线连接起来,用以表达业务流向的逻辑关系。

流程地图具有以下几个作用。

(1)指示说明某业务领域业务流程的构成。

(2)指示说明某业务领域业务流程之间的关系。

(3)指导进行某业务领域流程设计。

(4)帮助建立流程层级。

(5)作为下级业务流程地图或者具体流程的编制依据。

(6)以流程的方式表达该业务领域的业务范围。

流程地图的编制首先必须基于对业务的分析,形成业务架构以及业务价值链。业务架构就是将业务按照业务类型进行划分,分解形成组织一级业务架构,然后对每一个一级业务架构再进行构成分析,分解形成组织的二级业务架构。通常对于中小规模组织而言,二级业务架构已经可以清晰地说明组织业务的构成。

用于展示某一个业务架构分解所形成的业务模块相互关系的图称作业务价值链,它以业务模块有效组合的方式清晰地描述出了某个业务单元的业务构成以及各业务模块之间的关系。流程地图就是依据最终形成的业务价值链而编制出来的。

第九章　组织管理诊断与组织活力"四张地图"方法论

组织业务是分级的,所以流程地图也是分级的,分级的方法与业务架构分级的方法一致。一级流程地图包含组织核心业务流程、支撑业务流程两大部分;二级流程地图则是在一级流程地图的基础之上,将这几个大的业务流程向下分解,形成二级流程地图;三、四级业务流程地图就是在二级流程地图的基础之上,将每一个业务单元进行详细的流程构成分解,也就是通过对每一个业务单元的流程分解而形成的业务流程地图。

流程地图的内容及填写要求如下。

(1) 流程地图的名称:表明该业务地图对应了组织哪一个业务领域的具有明显业务特征的名称,描述方式为"××(××为业务领域的名称)流程 n 级流程地图",如"人力资源流程一级流程地图"。

(2) 主流程:首先,用流程图标的方式来表达本业务领域的核心业务流程构成的内容。主流程指的是归口于业务单元并且是业务单元正常情况下的流程。对于不归口于业务单元管理的而只是参与管理的业务流程,则不在这个领域的流程地图中体现。

然后将代表主流程的图标放置在流程地图中"主流程"区域中。各图标中的流程名称要事先确定,在对某一个业务领域进行业务流程地图编制的时候,起先流程图标中的名称不一定准确,但是当该领域的业务流程全部设计完成之后,这些流程的名称一定是确定的,所以流程设计人员要注意,当该领域的业务流程全部设计完成之后,需要回过头来对流程地图中的各流程名称进行修订和统一。

(3) 支持流程(可选):为各业务领域提供基础支持服务的流程或制度等,将重要的支持流程的图标放置在流程地图中"支持流程"区域中。

(4) 外接流程(可选):与本业务单元主流程衔接的其他业务领域的主流程,将外接流程的图标放置在流程地图中"外接流程"区域中。

组织职能地图、管控关系等相关内容,基本上已经在本书第五、第六章做过详细介绍,这里就不再赘述。

(四) 人才地图:打通人才识别到激活闭环

人才地图分为外部人才地图与内部人才地图。其中,外部人才地图主要帮助组织了解和掌握关键人才所在的地理位置、行业、企业、职位、履历等。本书所指的人才地图为内部人才地图。完整的人才地图包括核心人才的核心人才识别、人才管理策略、人才激活策略。

人才管理策略包括人才职位管理、任职资格、人才选拔任用、人才培训培养、人才绩效管理。其中，人才职位管理、任职资格是人才管理工作的基础。人才激活策略主要是人才薪酬激励。

核心人才识别、人才管理策略、人才激活策略相关内容，基本上已经在本书第七章做过详细介绍，这里就不再赘述。

> **本章小结**

◎ 组织管理成熟度的评估结果与人才、组织、氛围地图关注要素高度一致，可作为全面的组织诊断工具。

◎ 与人才、组织、氛围地图匹配时，战略地图可系统解决组织承接战略，再通过组织落到人，形成组织管理的闭环。

◎ 战略地图在"四张地图"中处于核心地位，组织地图、氛围地图和人才地图必须为战略地图的需要服务。战略需要与组织、相应的组织氛围和人才适配，脱离战略需要的组织设计、氛围建设和人才建设都是徒劳的。

◎ 组织中的各项工作最终都需要人来完成，各个组织都在努力争夺顶尖人才。但是对于一个组织而言，人才必须符合组织战略，适配组织文化氛围，所以，"四张地图"是一个不可分割的整体。

◎ 若将"四张地图"合并到一张全景图上，可以清晰地看出它们之间的对应关系。通过针对性的组织变革、人才结构调整、组织氛围转变，最终可以实现组织的整体战略与目标。同时，结合组织管理成熟度评估找到人才地图、组织地图、氛围地图存在的主要问题，并不断优化组织管理水平，激活组织活力。

第二篇

组织激活的案例应用

第十章　BY集团组织设计与组织活力"四张地图"案例

BY集团的基本情况已经在上文做过介绍，这里就不再赘述。经过20多年的快速发展，BY集团正在不断追寻进步和自我超越，努力从经验管理向科学管理过渡。但组织管理问题是严重阻碍其发展的因素，亟须进行组织变革来激活组织和队伍。

一、BY集团组织管理成熟度评估

对于BY集团组织管理成熟度的评估结果可以总结如下。

（1）BY集团目前的组织结构属于传统的直线职能式组织结构，管理尚处于初级阶段，无法支撑项目型快速响应的业务模式需要，无法支撑公司未来发展。

（2）缺乏组织管理规范，组织层级及管理人员职级界定不清晰，出现混搭，偏向因人设置组织归属，而不是通过科学分析组织管理本身的需要而设置管理归属，导致组织、职位及任职人员发生一定程度的匹配度错位。

（3）缺少专业技术、政策机制、策略体系等顶层设计研究，缺少准确输出的角色定位，公司各组织设计偏向执行层面，导致整体缺乏系统性和纲领性的管理网络源头，组织缺少规划性。

（4）缺少高层团队决策、战略解码、组织绩效管理、经营管理数据分析、管理复盘、流程建设等管理机制，导致公司上下处于原始管理状态。

（5）层次结构多，管理重心模糊，导致组织效率低下。

对应战略发展对于组织管理的要求，目前BY集团组织管理中存在的主要问题如表10-1所示。

表 10-1　　　　　　　　　　　BY 集团组织管理的主要问题

模块	战略发展的要求	问题描述
治理与管控	治理架构清晰有效，所有权与经营权责权明确； 管控模式清晰，集团各职能部门定位明确，相关管控方法和授权体系清晰完善； 组织管控的组织明确，有相应的管理规范及管控流程	管控模式未设计，管控层级不清晰，无明确的授权体系，随着公司组织规模越大，凌乱的组织管控模式会成为组织发展的障碍； 未设定负责组织管控的组织与责任归属，缺少组织管控管理规范及管控流程，致使组织治理与管控方面处于无管理状态
组织形态	组织形态定义清晰，组织设计原则明确，能以标准化组织指导相关的组织调整，确保组织运作的高效； 组织演进符合战略要求，组织中长期规划有预见性； 组织调整规范有序，在保证组织相对稳定性的同时确保组织灵活性； 流程化组织、矩阵式组织运作顺畅； 有明确的组织负责推动组织变革，以确保变革成功	缺乏组织形态定义，缺乏设计原则与方法； 缺乏基于战略的组织演进思考，无匹配公司发展的中长期组织设计规划； 缺乏组织管理规范，组织变动无系统科学的评估环节，只是基于管理者的主观感知进行设计与调整，调整过程中缺乏对员工感知的考虑和辅导沟通； 部门过于职能化，容易形成"部门墙"，特别是流程不清晰的时候，"部门墙"现象严重； 缺乏端到端的流程梳理，难以指导流程化组织与矩阵式组织的设计与运作； 缺少驱动组织变革的组织
职位管理	职位设计的原则、方法清晰，职位变更的规范明确； 基于价值链的职位体系完整，职位族群分类分级明确，职位价值定期评估，职位与薪酬、任职资格关联明确； 员工（职位类别）的分布符合公司所处行业及企业发展规律，职位的价值曲线明确	缺乏职位设计的方法论及规则，职位设计混乱； 没有基于职位族类的职位体系，无法以职位作为人力资源基础体系，薪酬未与职位挂钩，而是和职称挂钩； 无规范的职位内在层级设计，无规范的职位名称设计； 无职位价值定位，平均主义，无法指导人员结构管理
组织规模	组织规模设置原则清晰； 具有规范的组织规模管理机制，定期进行组织规模合理性诊断，确保组织的轻便性； 具备匹配业务发展需要的人力规划及人力预算管控，组织有序发展	无组织规模管理； 无规模设计原则及编制设计规范； 现有组织规模与组织产出不对等，组织效率低； 无匹配业务发展及战略需要的人力规划，组织规模处于野蛮增长状态，之前尝试做人力预算管控，但工具方法欠科学

续表

模块	战略发展的要求	问题描述
组织运作	组织责权清晰，流程明确，组织运作顺畅，授权明确； 各层级组织的核心管理团队（管理班子）运作机制完善，集团决策机制完善，凝聚共识，确保决策的有效性； 跨部门团队运作机制完善，不同类型的跨部门团队有效解决企业内部临时性、突发性、"部门墙"等问题	存在一定程度的职能交叉和职责划分不合理现象； 高层有明确的核心团队运作，有集体议决策的意识，中基层缺乏核心团队运作机制； 缺乏跨部门团队的管理机制，目前依赖个人意识进行跨部门沟通，组织运作效率受个人素质影响大
组织绩效	通过战略解码，将战略目标和组织期望层层分解、落实到部门和员工个人，确保员工个人绩效与组织绩效统一，目标上下对齐，达成一致； 通过个人绩效的改善，持续推动组织绩效的提升； 组织绩效指标的设置科学、合理，并能够权衡、兼顾企业短、中、长期发展利益，合理布局； 在关注业务指标的同时，也要关注组织建设、团队建设	无战略解码过程； 组织绩效指标的设置注重形式，没有真正理解每项指标的管理价值

二、基于集团管控体系下的 BY 集团组织设计 "三部曲"

图 10-1 所示为集团管控体系。

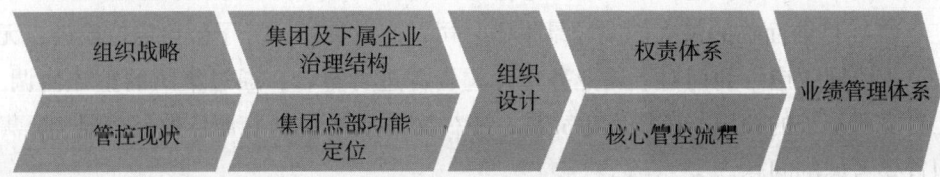

图 10-1　集团管控体系

第一步：解读组织战略，发现管控现状存在的主要问题。

第二步：结合母合优势明确集团总部价值创造及组织功能定位，同时对集团总部与下属业务单元公司治理模式进行设计，并以此进行组织设计。

第三步：梳理集团总部与下属业务单元之间的权责体系与核心管控流程，推动集团整体业务战略的贯彻实施，以此实现业绩管理体系。

（一）BY集团组织战略解读

总体战略：公司践行"用心呵护人类健康"的伟大使命，坚持以市场为导向的发展思路，构建聚焦大健康领域的"1+N"发展战略，以产业和资本双轮驱动，致力于打造中国最具核心竞争力的生命健康产业集团。

业务战略：生态化（通过产业链布局，整合产业链上下游资源高效运作）、一体化（进行前向一体化和后向一体化的相关业务布局，适时可通过外延式增长扩大企业规模，提升市场竞争力）。

职能战略：强化战略管理、人才经营、研发管理、风险管理、财经管理等能力。

对于组织能力的要求，围绕大健康领域进一步细分市场，各业务板块形成"赛马"机制。增强市场洞察和大项目运作经营能力，通过战略解码，使经营目标和关键任务层层分解，以绩效管理为手段，来保证公司年度重点工作执行。针对大健康领域产业链的薄弱环节，增加资本运作能力，推动企业产融结合、业财融合。对拟进入的新行业、新项目进行单列，加大战略投入，建立集团赋能孵化平台，基于价值创造的多元化激励手段，给予激励超常规发展目标的达成。

（二）BY集团管控现状分析

BY集团管控定位由区域化的管理模式向生态化、一体化转变，以实现产业生态、客户及员工高度整合。目前，BY集团的管控能力还存在多方面的不足，难以匹配未来业务快速扩张和集团化管理的要求，主要表现为以下几点。

（1）目前面临的最大的问题是集团公司、产业集团、分子公司定位模糊，无法产生协同效应。如何对下属业务单元的资源进行整合，通过集团的整体协调，在自身所擅长的领域与市场发生交易，减少交易成本，创造最佳效益应是BY集团首要考虑的问题。

（2）集团下属业务单元主要通过高度分权让子公司成为独立经营的法人实体来分解经营风险，母子公司之间的分权问题也是管控面临的主要问题。管控的广度和深度都是与母子公司之间集权和分权有关。如何在集权与分权之间找到平衡，是母子公司管理成功的关键。

（三）BY集团管控组织定位

BY集团希望通过创新机制、组织变革，向全球化、专业化、体系化、智能化的管理模式转变，为落实组织战略提供有力的组织保障。在建设过程中BY集团将遵循以下原则：总部做专，产业集团做强，分子公司做实；实施分权与制衡，强化专业管理；在战略业务单元层面建立明晰的决策、执行、监督三权分立机制；职责与责任清晰，分工明确，科学有效决策，支持实现战略；有利于决策支持，将决策性工作与事务性工作分离。

BY集团提出通过集团管控体系的设计使"总部做专，产业集团做强，分子公司做实"，这种思想的具体体现如表10-2所示。

表10-2　　　　　　　　　　BY集团管控体系指引

战略作法	战略思想	对集团管控的指引
聚焦区域化	实现有效的跨区域多项目管理	改变集团直接参与实际运营环节
核心竞争力培育	战略管理、干部管理、保障服务等方面	强化战略管理、干部管理、保障服务等方面核心能力
实现战略、管理、效率、成本管理、效益的提升	集团聚焦于关键管理职能和关键业务节点的控制	所谓总部做专，应该强化总部对于产业集团、分子公司的业务指导和监控能力，降低对子公司具体事务的过度干预，专注于核心管理问题和关键业务流程重大节点，专注于公司经营安全和发展战略
	产业集团、分子公司聚焦于战略执行与实际运营	所谓产业集团做强，分子公司做实，是应该加强研发管理、精益生产、营销管理等运营能力培养和聚焦，与集团总部保持战略协调

（四）BY集团总部定位

BY集团已搭建了"集团总部—产业集团—分子公司"的三级组织模式，结合集团战略要求与集团管控组织定位指导原则，明确集团总部与产业集团组织定位，确保集团战略一致性和协同性，以充分发挥集团优势为目的。

集团总部五大平台职能定位：战略管理平台、投资发展平台、风险管理平台、资源整合平台、赋能孵化平台。

战略管理平台：解决方向问题，提高集团战略执行能力。其核心职能主要包括：战略规划、战略实施与战略目标调整、战略过程监控、战略实施结果评价与反馈等。

投资发展平台：解决发展问题，培育核心竞争能力，提高决策能力。其核心职能主要包括：重大投资管理、融资管理、证券事务、资产处置管理等。

风险管理平台：解决发展的可持续性和风险控制问题，提高集团经营质量。其核心职能主要包括：预算控制、经营目标考核、内控审计、法务等。

资源整合平台：解决集团的有效运转问题与服务支持，提高效率。其核心职能主要包括：企业文化建设、企业品牌建设、公共关系管理、经营业务协调等。

赋能孵化平台：解决协同性问题，实现价值的最大化。其核心职能主要包括：财务管理、人力资源管理、研发管理、采购管理、项目建设管理、IT管理等。

(五) BY集团产业集团定位

BY集团涵盖四大业务形态，业务模式将呈现多元化，不同的业务对集团的管控提出了差异化的要求。根据各项业务定位，BY集团四大业务板块定位各有侧重：医药业务是龙头、健康服务业务是支撑、投资业务是保障、大健康商业综合体业务是种子。

产业集团五大中心职能定位：市场营销中心、供应管理中心、风险控制中心、运营协调中心、服务指导中心。

市场营销中心：解决产品营销问题，提升市场知名度与占有率，是一级利润中心。其核心职能：市场管理、业务开拓、销售管理等。

供应管理中心：解决供应链问题，动态化产能平衡协调。其核心职能：研发管理、产品管理、质量管理等。

风险控制中心：解决发展的可持续性问题，提高集团的生存质量。其核心职能：财务风险控制、质量风险控制、运营风险控制等。

运营协调中心：解决协同性问题，实现价值的最大化。其核心职能：协调产业集团及成员企业关系、市场、资金、品牌等。

服务指导中心：解决集团有效运转问题，提高效率。其核心职能：财务、安全环保、工程、经营管理等。

(六) BY 集团产业集团下属分子公司功能定位

分子公司是集团的二级利润中心,是产业集团经营生产执行单位,各分子公司负责本企业日常经营活动,并对经营活动承担责任。

(七) BY 集团公司治理现状分析

股东大会:集团与下属企业很多部门存在"一套班子两块牌子"的情况,无法确保业务独立性。

董事与董事会:董事会下属的委员会虚设,各产业集团、分子公司分别制订各自的发展战略与管理规划,没有基于战略协同建立整个集团的发展战略以及管理体系,从而无法在治理和管理之间建立起连接桥梁,这也是导致在"集权与分权"问题上难舍难分的原因之一。独立董事薪酬一般仅涉及固定年薪,没有像国际通行的那样根据工作量的多寡来厘定薪酬。

监事与监事会:外派子公司监事会成员在公司内还有兼职。缺少非职工代表监事、外部监事,无法对经营层的行为实施有效监督。

经理层运作:高级管理人员薪酬结构比较单一,缺乏中长期激励与动态激励机制。

利益相关者:由于公司治理文化尚未建立,利益相关者参与公司治理的路径并不清晰,导致利益相关者参与公司治理积极性不高。

信息披露与透明度:信息披露大多以合规导向,为了规避披露风险,能不披尽量不披,或以商业秘密为由不披露,主动披露动机不强。

【案例阅读:BY 集团专业委员会的设置与运作】

一、BY 集团专业委员会的设置

如何最大限度地发挥各类专业委员会的作用以支持董事会的决策,成为 BY 集团公司治理的关键成功要素之一。按国际公司治理普遍做法,主要是通过各类专业委员会来提高决策议事的效率,并由独立董事来主导专业委员会管理,如经营管理委员会、技术管理委员会、人力资源委员会、采购管理委员会、变革管理委员会。

1. 经营管理委员会

经营管理委员会是公司日常经营管理的最高决策机构,在总经理领导下对公司经营结果负责。经营管理委员会主要职责包括以下内容。

(1) 审议公司重大战略决策及中长期发展规划。

(2) 审议并向董事会提交公司年度经营计划。

(3) 审批公司年度财务预算或预算修改方案。

(4) 审议、批准公司重大内部管理制度、流程。

(5) 审议重大的财务决策与商业交易活动决策。

(6) 审议、批准公司整体营销策略和方案。

(7) 审议、批准公司年度营销策略、目标与行动计划。

(8) 审议、批准公司重大市场相关管理制度。

(9) 审议、批准重大销售项目的决策。

(10) 审议、批准公司产品、技术、工艺等重大研发问题。

(11) 审议、批准董事会授权范围内重大投融资计划、方案。

(12) 对董事会授权范围内公司经营管理相关其他重大事项做出决定。

2. 人力资源委员会

人力资源委员会是负责公司日常经营管理中涉及人力资源方面的重大、关键事项的最高决策、管理机构。人力资源委员会主要职责包括以下内容。

(1) 审议、批准公司层面的人力资源策略和政策。

(2) 审议、批准公司中长期人力资源规划及年度实施计划。

(3) 审议各中心的考核目标和考核评价。

(4) 审议公司薪酬政策、薪点方案、员工福利方案、年终奖金分配方案和股权激励方案。

(5) 审议、批准公司组织变革方案。

(6) 审议、批准职位及人事任免。

(7) 审议、批准公司中高层管理者的选拔、调配、考核、薪酬、奖惩和继任计划。

(8) 审议后备干部梯队方案。

(9) 审议企业文化修订方案。

3. 采购管理委员会

采购管理委员会是负责公司日常经营管理中涉及采购方面的重大及关键事项的最高决策、管理机构。采购管理主要职责包括以下内容。

(1) 审议、批准公司原物料的采购政策并确保政策的适当执行。

(2) 负责采购业务的整体管理，监控年度采购规划的执行情况，把握总体采购策略。

（3）负责重大采购业务对外协调及内部部门间协调。

（4）负责关键采购业务的推进：规范与监控采购认证业务，加强采购风险规避。

（5）重大及高风险采购项目决策评审。

（6）采购业务监控：促进内控制度的完善与落实，监督指导采购体系的业务运作状况。

（7）供应商管理：建立与战略供应商的合作，主动建立与重点供应商良好的高层关系和有效的沟通渠道。

4. 技术管理委员会

技术管理委员会是负责公司日常经营管理中涉及技术方面的重大、关键事项的最高决策、管理机构。技术管理委员会主要职责包括以下内容。

（1）审批公司技术发展规划和年度计划。

（2）负责公司新产品、新技术、新工艺等研发项目的评审、决策。

（3）审议、批准公司重大技术标准、规划方案、重大工程的建设方案。

（4）负责公司重大技术关键难题攻关评审。

（5）公司对外技术合作方案评审论证决策。

5. 变革管理委员会

变革管理委会员是公司管理变革的规划者和综合管理者，在公司授权范围内制定公司中长期管理变革规划，明确变革策略与方向，把握变革节奏，是BY集团管理变革的最高决策机构，其主要职责包括以下内容。

（1）审议公司中长期管理变革规划及年度实施计划。

（2）明确公司管理变革的策略与方向，把握变革节奏，为管理变革提供制度、工具和方法论支持。

（3）审议公司管理变革项目的立项、变更、终止和里程碑设置。

（4）指导公司各项管理变革的实施，监控过程管理并就重大问题进行决策。

（5）审议公司变革项目绩效与激励方案。

二、BY集团专业委员会的运作

委员会下设执行机构负责做好该委员会决策的前期准备工作，提供开展相关工作方面的资料，并及时将资料分发给委员会成员。委员会根据执行机构的提案召开会议，具体方式参见议事规则进行讨论，将讨论结果提交董事会或总裁，同时反馈给执行机构。

◎ **组织：组织激活方法论与实践2.0**

委员会会议决议由执行机构进行任务分解，严格依照项目管理规范要求展开后续工作，包括项目立项（明确目标，包括时间性目标、约束性目标、成果性目标、最终性目标等）、资料全面收集（内外部）、制订行动方案（项目WBS时间表、责任人、追踪跟进人等）、项目全程审查（含阶段性交付物、指定责任人、时间节点审查）、定期进行项目阶段性总结回顾与调整、项目执行落地与结案（需要有相关部门的签字确认）。在这一过程中，委员会对执行机构进行全程监控和考核。

各大委员会的项目工作需严格依照年度专项计划开展，并明确各自业务职责范围，一经立项，必须召开项目启动大会，以联络单或其他正式文件形式发布公告各单位，若出现临时性项目工作，应及时汇报至董事会或总裁先行批准方可启动，避免出现项目交叉重叠。

委员会所有项目必须明确项目目标且尽可能量化，结合委员会考核机制统一管理和监督，一旦出现目标未达成或严重影响公司运作情况，可终止该委员会。

治理层委员会由董事会办公室统一归口管理，经营层委员会由总裁办统一归口管理。定期或不定期举行各大委员会经验分享会，由总裁助理统一主导和协调。

委员会的工作成果要及时转化，应用到日常工作中去，当公司某项任务完成后或者已经转化成各部门的日常工作行为，并通过制度和流程固化后，该委员会应该取消或退出。

（八）BY集团组织体系设计

组织变革方向与定位说明：BY集团的组织变革方向要围绕有效承接公司战略落地、激活各业务单元活力、提升总部专业服务能力、提升组织内部协同及资源整合效率四点展开。

建立高效指挥系统：针对战略与投资、财经、人力资源等核心领域设立委员会，提升决策效率；以信息化、全面预算为抓手，进行深化管理和精细化管理。

打造整体解决方案能力：聚焦A板块业务进行全产业布局，形成生态闭环；将研发职能统一到集团，加强A板块与N板块产品研发；通过垂直型财务管控模式，打造一体化深度财务管理。

打造平台资源能力：减少中心管理层级，尽量使业务下沉；整合核心业务、营销资源开发；整合供应链资源，提高业务集中度和运营效率，发挥规模优势效应。

整合管理职能平台资源：固化授权体系和理顺流程体系；优化指挥体系、简化汇报体系、减少会议频次、提高会议效率；设立管理矩阵，对下属业务单元进行矩阵式管理，做到横向管理行政化，纵向管理条线化，"事、权、责、财"一体化。

（九）BY集团组织变革方向

当前BY集团组织设计属于职能式，近中期组织变革方向倾向于向弱矩阵过渡设计，远期组织变革方向过渡到矩阵式组织。同时，应重点关注组织整体运作能力：如战略发展能力、市场竞争能力、资本运作能力、技术研发能力等。图10-2所示为BY集团组织演进。

近期组织受到战略、管控对组织体系的要求和组织运作中需解决的主要问题两方面作用，一切围绕提升总部专业服务能力展开。通过建立高效指挥系统、打造整体解决方案能力、打造平台资源能力、整合管理职能平台资源方法，解决总部组织设计过于臃肿，且互相职能割裂，无法打通整个业务链条等问题。

中期组织将通过建立以客户为中心的流程型组织，营销先行，区域整合为核心，有效地承接公司战略落地、提升组织内部协同及资源整合效率。

远期组织将通过四大基础平台（战略发展平台、风险控制平台、支撑平台、资本运作平台）的搭建，进一步激活各业务单元活力。

（十）BY集团组织运作模式的转变

目前，BY集团组织的运作模式主要以产品线作为核心，构建相关的组织架构，每个产品线独立开发客户，并完成客户最终交付。主要问题在于每条产品线都要建立业务开发与管理团队，资源无法实现共享，组织运作成本较高。从1.0模式（集合运作模式）升级到2.0模式（枢纽运作模式）之后，主要以区域作为核心，构建相关的组织架构，区域团队直接面向客户，完成系列产品的市场开发与交付。2.0模式（枢纽运作模式）可以实现组织内部资源共享，降低组织运作成本。但是区域团队完成所有产品系列的客户开发与交付，这对于人员专业与素质要求较高，运作难度较大。3.0模式（网络运作模式）是一种以客户为中心的组织运作模式，打破原有产品线和区域的界限，围绕客户的开发与交付，灵活、敏捷地组成网状的生态型组织。

从BY集团组织的运作模式来看，从现在的1.0模式升级到3.0模式，还有很大的晋升空间。图10-3所示为BY集团组织运作模式演进过程。

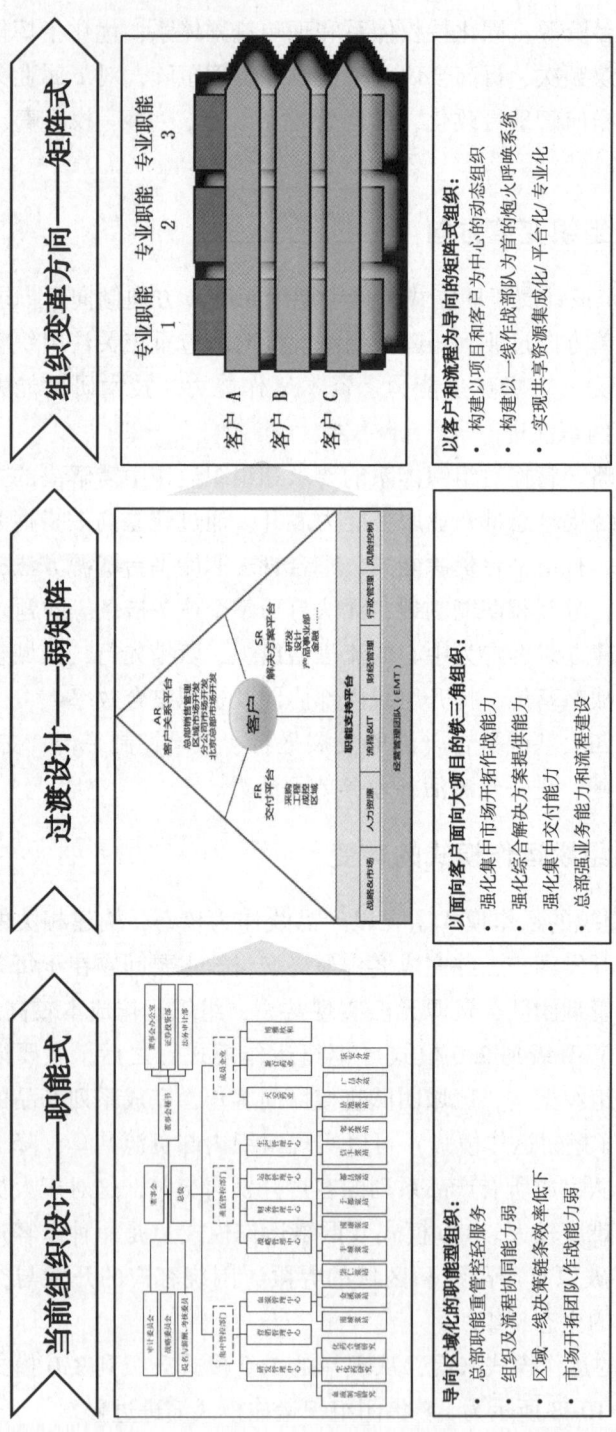

图 10-2 BY集团组织演进

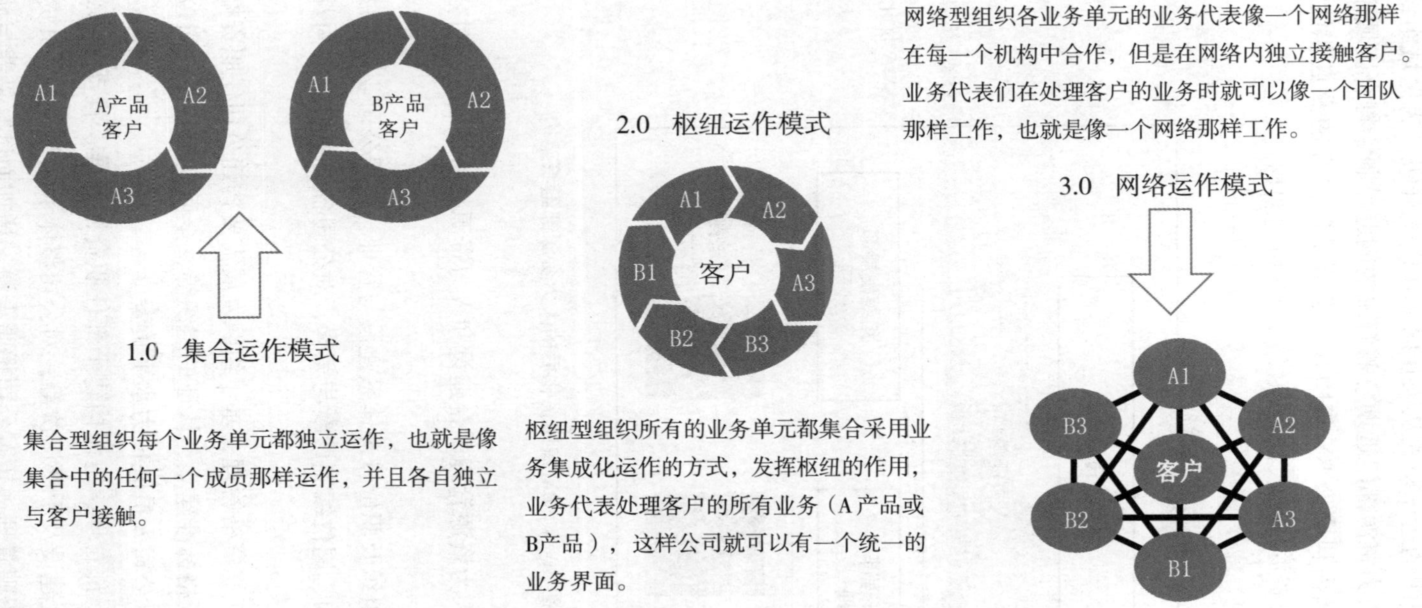
A1
A产品
客户
A2
A3
A1
B产品
客户
A2
A3
1.0　集合运作模式
集合型组织每个业务单元都独立运作，也就是像集合中的任何一个成员那样运作，并且各自独立与客户接触。
2.0　枢纽运作模式
A1
A2
A3
B3
B2
B1
客户
枢纽型组织所有的业务单元都集合采用业务集成化运作的方式，发挥枢纽的作用，业务代表处理客户的所有业务（A产品或B产品），这样公司就可以有一个统一的业务界面。
网络型组织各业务单元的业务代表像一个网络那样在每一个机构中合作，但是在网络内独立接触客户。业务代表们在处理客户的业务时就可以像一个团队那样工作，也就是像一个网络那样工作。
3.0　网络运作模式
A1
A2
A3
B1
B2
B3
客户

图 10–3　BY集团组织运作模式演进过程

◎ **组织**：组织激活方法论与实践 2.0

随着 BY 集团组织的运作模式从 1.0 向 2.0 模式升级，为区域组织选拔与输送合适的人才成为人力资源部门近期急需解决的问题。制定符合区域组织的人才任职资格标准和薪酬福利成为 BY 集团人力资源部阶段性的重点职能。图 10-4 所示为 BY 集团人力资源部阶段性组织优化后的组织架构。

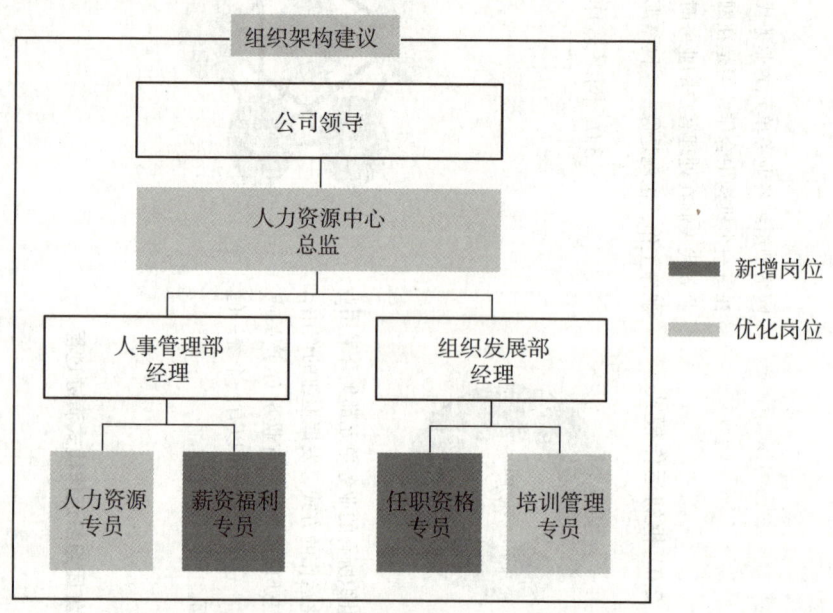

图 10-4　BY 集团优化后的人力资源部组织架构

（1）负责公司人力资源管理平台建设和人力资源战略规划等，对公司人力资源管理水平负责。

（2）负责公司组织及职位管理体系建设与管理，根据公司业务发展需要，组织进行公司组织结构、岗位编制诊断与完善，对公司各层级组织结构及编制设置的科学合理性负责。

（3）负责公司任职资格管理，基于组织发展需要构建公司任职资格体系、组织建立各岗位任职资格标准建立、认证的组织等，全面规划公司各岗位员工的职业生涯发展路径；对公司人员胜任力水平负责。

（4）负责公司干部管理，组织构建干部任职资格标准、推动干部绩效管理、干部选拔、干部梯度建设及干部淘汰等；对公司整体干部管理水平负责。

（5）负责公司招聘管理，拓宽公司招聘渠道，增加面试官培养与认证，人才

第十章 BY集团组织设计与组织活力"四张地图"案例

储备库管理及试用期员工的考核与转正评估机制，打通公司人才供应链；对公司人员胜任力度及供应及时性负责。

（6）负责公司绩效管理，组织各部门制定绩效承诺并进行绩效辅导，推动各部门进行绩效过程跟踪辅导和绩效提升；对公司绩效管理水平负责。

（7）负责公司培训开发管理，组织建立公司课程体系、讲师体系、效果评估体系等，并负责统筹公司级培训实施及跟进部门级培训实施；对公司员工素质提升负责。

（8）负责公司薪酬福利管理，组织建立公司薪酬福利标准，负责考勤管理及薪资核算、调整等；对公司薪酬福利的科学性负责。

表10-3所示为BY集团人力资源部门组织演变时间与演变内容。

表10-3　　　BY集团人力资源部门组织演变时间与演变内容

演变节奏	演变内容	完成时间
第一步	新增"人事管理部经理"岗位，负责"招聘管理""薪酬福利管理""员工关系管理"等三个模块的统筹管理及相关模块体系建设； 新增"组织发展部经理"岗位，外部招聘专业人员担任该岗位，负责"组织与职位管理""绩效管理""任职资格管理""干部管理""培训开发管理"等五个模块的统筹管理及相关模块体系建设； 将原归属财务的薪资核算人员划归"人事管理部""薪资福利专员"职位，负责考勤管理及薪资核算工作； 将"人事专员"岗位调整为"人力资源专员"岗位，负责公司招聘管理及员工关系管理等职能； 将原"培训管理专员"调入"组织发展部"	2018年1月前完成
第二步	组织发展部经理到位后，着手招聘"任职资格专员"，带动两位专员全面建设组织发展部各模块体系； 后期根据发展需要，可增设"绩效管理专员"等岗位； 后期根据组织发展需要，预留"人力资源中心负责人"岗位，视情况决定内部竞聘产生或外部引入专业人才	2019年1月前完成

（十一）BY集团权责体系

BY集团旨在强化责任，简化流程，提高领悟力、转化力和执行力，快速响应顾客需求和市场变化，促进公司可持续快速发展，确保公司战略目标的实现。

1. 权责管理原则

（1）自上而下，评估风险，逐级授权，不越级授权。

（2）因岗因事授权，权责匹配，授权的范围和深度与岗位职责相匹配。

（3）不随意转授权，确有必要转授的，须经书面同意并报管理部门备案后实施。

（4）分散授权，权力制衡，授权与监督相结合，符合内控管理要求。

（5）适时调整，持续优化，不断适应公司的发展变化。

2. 权责管理总体指导原则来源

（1）结合组织发展现状，现有职责所赋予的权责。

（2）未来各产业集团战略及部门战略对于组织提出新的要求。

（3）组织运行过程中，存在的主要问题。

（4）参考业界最佳组织管控实践。

3. 授权表格式及其说明

授权表格的格式如表10-4所示。

表10-4　　　　　　　　　授权表格的格式

业务活动	序号	子项	分项	提议权	审核权			审批权		知会权	备注
					初审	复核	会审	个人审批	集体审批		

授权表格说明如下：

（1）业务活动：对应业务活动模块，可参考但不限于三级业务架构。

（2）子项：对应关键业务细项。

（3）分项：对应关键子项的业务情境细分。如关键子项：销售立项；维度细分：2000万以下、2000万~5000万、5000万以上。

（4）提议权：拥有提议权的部门（或个人），提出或编制方案（制度）的权力。

（5）审核权：拥有审核权的部门（或个人），对方案（制度）的结构、内容、数据核实、对方案的科学性、可行性进行审议、修订或否定的权力。

（6）审批权：拥有审批权的部门（或个人），对方案的方向、范围、可行性等进行审查与批示,批准管理方案(制度)付诸实施的权力。

(7) 知会权:拥有知会权的部门(或个人),对管理方案(制度)相关信息必须知情的权力。

4. 授权书

当岗位通过授权表(格)被赋予相应的权力后,由于该岗位的工作需要(如不在岗、需要向下授权等),需要转授权时,也可以向其他岗位进行转授权(明确规定不可转授的权力除外),该操作可以通过授权书进行。

(十二) BY 集团核心管控流程

结合组织战略要求、集团管控与组织体系设计,BY 集团将围绕战略运营管理、人力资源管理、财务管理、采购管理、投资管理、项目建设管理、研发管理、信息管理八个核心职能设计管控流程。

(十三) BY 集团业绩管理体系

企业应强化责任结果为导向的价值评估体系,不断提高组织效益,提升公司整体核心竞争力。将企业整体战略与业绩管理体系紧密相连,通过各级组织绩效指标的分解,形成上下同欲的绩效指标承诺(绩效目标责任书),确保战略目标得以实现。

三、BY 集团组织活力"四张地图"

(一) BY 集团战略地图

基于 BY 集团提出的构建"聚焦大健康领域"的"1+N"发展战略,从财务、客户、内部运营、学习与成长四个层面进一步描述企业战略,最终形成 BY 集团战略地图(见图 10-5)。

层面	战略目标
财务层面	**营收增长不低于10%**：挖掘潜势区域；加大潜力品类推广，确保收入规模的增长 **净利润增长不低于15%**：聚焦资源投入；强化成本控制，实现利润的增长
客户层面	**提升品牌美誉度**：强化品牌的高端时尚定位 **提升客户产品购买与使用体验**：产品的时尚水平和高质量；快速响应的安装与售后服务
内部运营层面	**打通渠道到端，提升销售能力**：强化终端销售能力；提升售后服务能力 **产品开发要快很准**：准确洞察消费者需求，提升产品策划能力；推动研发管理，缩短开发周期 **供应保障增效降本**：打造销售爆品
学习与成长层面	**提升组织效率**：持续推进流程变革，推动研发和营销流程应用 **强化终端销售管理信息化**：加快终端零售信息系统，掌控终端数据 **建设一流的研发与终端销售团队**：引进一流的产品策划与研发人才，强化终端导购队伍培训

图10-5 BY集团战略地图

1. 财务层面

在财务层面，BY集团制定了规模和盈利能力的平衡增长目标，包括营收增长不低于10%、净利润增长不低于15%。实现这些财务目标的主要策略有：挖潜弱势区域和加大潜力品类推广力度，以确保收入规模的增长；聚焦资源投入和强化成本控制，以实现利润的增长。

2. 客户层面

在客户层面，BY集团的核心目标是提升品牌美誉度、提升客户产品购买与使用体验，主要策略为三个：一是强化品牌的高端时尚定位；二是提高产品的时尚水平和质量；三是实现快速响应的安装与售后服务。

3. 内部运营层面

在内部运营层面，BY集团制定了三大经营目标：打通渠道端到端，提升销售能力；产品开发要快狠准，打造销售爆品；供应保障增效降本。这三大目标以及相应的策略是与客户层面目标和财务层面目标形成支撑关系的，如准确洞察消费者需求是支撑提升产品时尚设计水平的。每个经营目标又有相应的实现措施，如实现渠道打通端到端、提升销售能力目标的策略有强化终端销售能力、提升售后服务的能力等。

4. 学习与成长层面

在学习与成长层面，BY集团从组织、IT、人才三个方面提出了目标及相应的策略，如在人才梯队建设方面，基于内部运营层面目标的需求，提出了引进一流的产品策划与开发人才、强化终端导购队伍培训的策略。

(二) BY集团氛围地图

1. BY集团组织文化（使命、愿景、价值观）

使命：用心呵护人类健康。

愿景：打造中国最具核心竞争力的生命健康产业集团。

价值观：忠诚、开放、创新、精进、当责。

2. BY集团组织氛围

表10-5所示为BY集团总部各部门组织氛围调查结果。

表 10-5　　　　　BY集团总部各部门组织氛围调查结果

序号	部门	组织气氛类型	低维度	前三差异	后三差异	高绩效	激发型	中立型	消极型
1	管理部	中立型	7	4	3			中立型	
2	市场部	消极型	13	5	3				消极型
3	工程部	中立型	2	1	3			中立型	
4	业务发展部	中立型	2	3	2			中立型	
5	投资发展部	中立型	6	4	3			中立型	
6	财务部	激发型	13	1	2		激发型		
7	品保部	激发型	5	1	2		激发型		
8	总裁办	消极型	12	3	5				消极型
9	研发中心	消极型	13	3	6				消极型
10	审计部	消极型	14	7	6				消极型
11	供应部	激发型	9	0	1		激发型		
12	制造部	中立型	13	2	3			中立型	

BY集团组织氛围评估结果总览：集团总部12个部门参与组织气氛的评估，其中高绩效型组织0个（占比0%）、激发型组织3个（占比25%）、中立型组织5个（占比42%）、消极型组织4个（占比33%）。说明BY集团正在战略转型期，体现为组织僵化、工作效率低下，员工并非全力以赴完成工作任务，但通过组织氛围的提升可以大大提高组织绩效。

依据组织氛围评估结果（上表），各部门负责人针对本部门组织氛围评估中，出现的主要问题进行内部检讨与反思，找到改善本部门组织氛围的具体举措。其中某部门负责人就针对本部门绩效改进重视程度不足的问题，提出了具体的改善计划（见表10-6）。

表 10-6　　　　　　　BY 集团某部门组织氛围改善计划表

行动	负责人	发生频率	起始时间
与每个员工进行绩效改进面谈	张三	每个月与每个员工进行一次	下周
年度、月度有量化的考核标准	李四	每个月与每个员工进行一次	下周
每周例会有议题分享绩效改进经验	王五	每周例行会议	周一例会
评测目标		增进经理对员工个人情况的了解	

（三）BY 集团组织地图

1. 管控关系

管控关系包括管控指导原则和主要管控点。结合集团战略要求、管控现状与组织定位，BY 集团将围绕战略运营管理、人力资源管理、财务管理、采购管理、投资管理、项目建设管理、研发管理、信息管理八个核心职能展开。

（1）战略运营管理的具体管控指导原则。

① 打通战略循环：通过战略规划和绩效指标的制定，执行情况的监控，打通战略管理循环，推进战略实现。

② 绩效指标要突出实现战略目的：绩效指标要注重兼顾长期发展和短期利益的平衡，能够有效地支持战略实现。

③ 充分意识战略风险：充分认识到战略失误对 BY 集团的重要影响，随时关注战略风险并在必要时迅速及时调整战略。

（2）战略运营管理的主要管控点。

图 10-6 所示为战略运营管理的主要管控点。

① 定位：明确集团整体战略方向与要求，明确各产业集团战略定位，确保分子公司经营行为与产业集团战略一致，确保产业集团战略在分子公司有效执行。

② 标准战略体系管控：建立"战略研究—战略制定—战略执行—战略评审与调整"体系，规范战略管理流程与标准，组织、指导、监督分子公司按规范落实执行。

③ 分子公司战略：产业集团组织总体发展战略规划，明确各业务板块的定位、各板块之间的协同规划；分子公司负责业务板块发展规划、分子公司组织管理规划，报产业集团审批后宣贯落实执行。

◎ 组织：组织激活方法论与实践 2.0

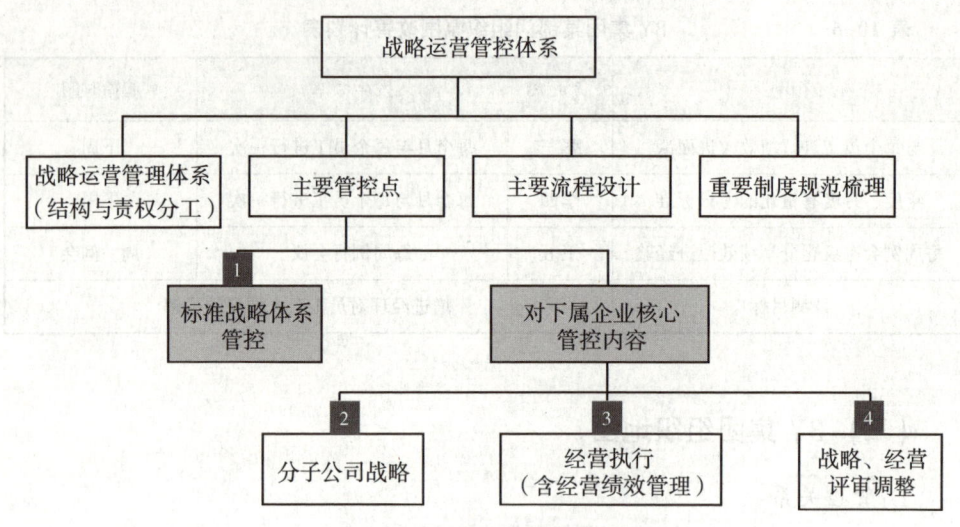

图 10-6 战略运营管理的主要管控点

④ 经营执行：由产业集团相应的职能部门建立统一的经营计划管理制度与管理体系，规范战略分解与年度经营计划管理流程，并对经营绩效进行归口跟进、分析、评价；分子公司按统一的规定负责相关工作的落实和计划的执行。

⑤ 战略、经营评审调整：由产业集团相应的职能部门建立战略执行、经营计划执行的动态监察体系，对战略与经营执行进展归口跟进管理；分子公司负责按要求定期提供相应的信息，并根据产业集团的反馈和要求及时做出经营调整。

（3）人力资源管理的具体管控指导原则。

① BY 集团的事业依靠奋斗者，围绕人才的征、选、用、育、留，根据以下准则，开展人力资源管理工作，以宏大事业感召人，优厚待遇吸引人，优秀文化凝聚人，创造条件成就人，建立"以奋斗者为本"的干部管理机制，建立国际化的人才队伍。

② 基于战略的人力资源发展规划与不断优化的人力资源管理制度体系是开展工作的出发点。

③ 以企业长远利益和整体利益最大化为目标，合理控制企业用人成本。

④ 人事制度的制定和执行坚持公开、透明，充分沟通原则。

⑤ 在认同 BY 集团价值观的前提下，坚持德才兼备、品德优先的用人标准；以机会均等、过程透明、内部优先的原则开展招聘工作。

⑥ 坚持岗位—能力匹配原则，人员的调配、任用以公司利益为重，同时尊

重个人意愿。

⑦ 建立科学的绩效评价体系，评价要素要能力兼顾业绩，个人兼顾团队，结果兼顾过程；评价结果是决定回报的主要因素；评价以提高个人能力与业绩为目的。

⑧ 职业发展通道通畅，员工成长方向明确，支持并促进员工的学习与成长。

⑨ 提供具有市场竞争力的薪酬与福利政策，以及可以满足员工不同需求的全面激励计划。

⑩ 建立良性竞争机制，促进优秀人才的脱颖而出，奖励先进，淘汰落后，激发员工工作热情，保持企业内部活力。

（4）人力资源管理的主要管控点。

图 10-7 所示为人力资源管理的主要管控点。

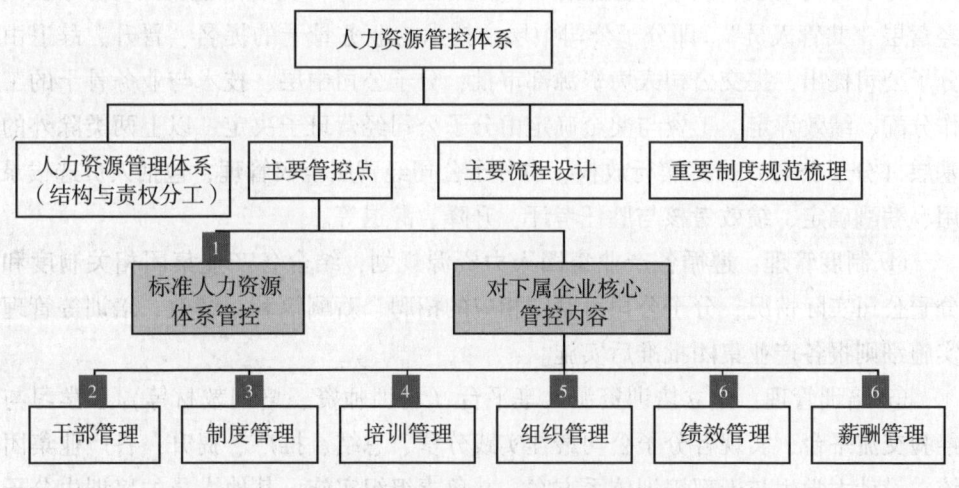

图 10-7　人力资源管理的主要管控点

① 定位：在确保人力资源质量的前提下，合理控制用工成本，提供专业的人力资源服务支持，保持集团内部（总部、产业集团、分子公司）人力资源政策的统一。

② 标准人力资源体系管控：在各产业集团整体战略指引下，制定人力资源发展规划，建立统一的人力资源管理规范，统一招聘体系与流程、培训体系、岗位序列与薪酬结构模型、薪酬确定原则、基本福利科目及标准确定原则、绩效考核体系。

③ 干部管理。对分子公司人员管理实行"管一级（经营层）、看一级（中层与骨干）、放一级"政策。

分子公司经营层选聘任免：各产业集团确定分子公司经营层岗位设置与人员配置，选择考察聘任分子公司经营层人员，人力资源部组织统一考察，总裁办公会审议后由总裁签署任命。子公司经营层原则上同时为产业集团经营层，有多家子公司的产业集团，根据产业集团总经理建议，由各产业集团根据产业集团经营层成员分工与专业特长确定子公司正副职人选，按子公司章程规定的程序任命子公司经营层。

分子公司经营层管理：各产业集团统一对分子公司经营层进行薪酬确定、任期目标与年度目标责任落实、任期与年度绩效考评，建立分子公司经营层业绩评价体系和总经理经营报告机制。

分子公司中层、技术与业务骨干（列入后备人才）为各产业集团与分子公司经营层"共管人员"，即分子公司中层、技术与业务骨干的提名、晋升、辞退由分子公司提出，提交公司人力资源部审批；分子公司中层、技术与业务骨干的工作分配、绩效评定、工资与奖金确定由分子公司经营班子决定。以上两类除外的基层（分子公司）员工实行放权，由分子公司经营层全权管理，包括人员选拔录用、薪酬确定、绩效考核与胜任考评、升降、辞退等。

④ 制度管理：遵循各产业集团人力资源规划，结合各产业集团相关制度和分子公司实际情况，分子公司可制定相应的招聘、薪酬福利、绩效、培训等管理实施细则报各产业集团批准后实施。

⑤ 培训管理：建立培训资源共享平台（培训师资、培训教材等）和学习与经验交流平台，实现各分子公司最佳实践分享、总结、推广、提升；各产业集团统一设计大学生与干部培训体系方案，并负责组织实施；其他人员的培训由分子公司组织实施。

加强人才梯队建设，培养后备骨干与干部队伍。统一各产业集团与各分子公司干部配置，加强各分子公司之间人员调配协调，采用左右轮岗、区域轮换等多种形式进行人员培养，加强各产业集团与分子公司之间的人员交流。

⑥ 组织管理：分子公司部级及以上组织机构调整，均由各产业集团统一审批后实施。部级以下的组织机构调整，由分子公司自行安排，报各产业集团备案。

⑦ 薪酬与绩效管理：对分子公司实行人工费用总额管理机制。分子公司薪酬总额调控采取与分子公司经济效益挂钩的原则。各产业集团根据《薪酬管理办

法》确定分子公司年度薪酬总额，与绩效挂钩的薪酬、奖金部分，分子公司可根据实际情况，自行设置奖项类别与奖励额度，制定相应激励管理细则或方案报各产业集团审核后实施。

（5）财务管理的具体管控指导原则。

① 通过财务预算对整体管理循环的配合，以及对未来资源、市场机会的判断，战略执行过程和结果的分析，提供战略目标和绩效指标制定和调整的专业意见。

② 财务管理坚持与业务相结合，发挥对业务部门的专业支持职能。

③ 通过具体职能和信息化手段加强管控：集中的资金管理和共享服务、审慎的投资分析、集中标准的核算与报表，并应用以信息系统是实现管控的方式和手段。

④ 财务评价着眼于长期目标和整体利益，不鼓励急功近利的经营行为和考核指标，并促使决策者按照远期和整体利益最大化的要求进行决策。

（6）财务管理的主要管控点。

图10-8所示为财务管理的主要管控点。

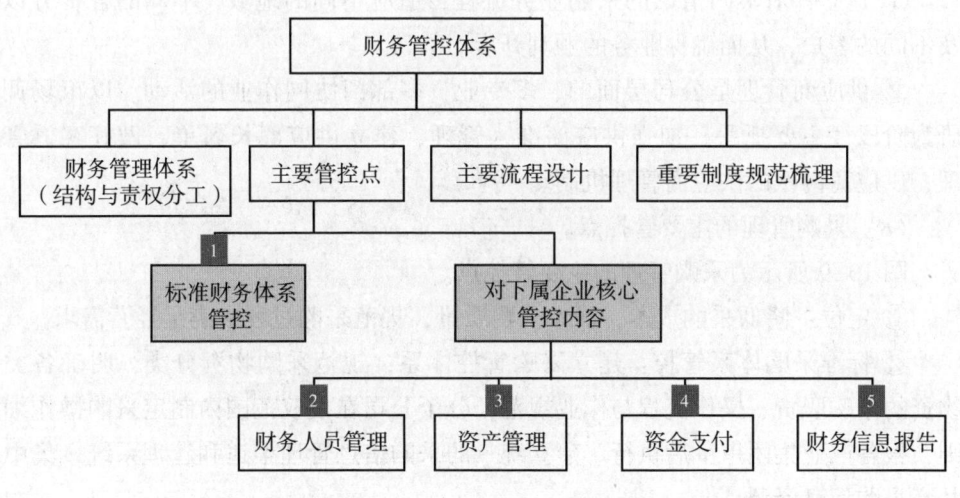

图10-8　财务管理的主要管控点

① 定位：确保各分子公司财务会计、核算规范性与及时准确性、资产安全性，有效利用数据信息，为公司资源优化配置和公司决策参考提供科学建议。

② 标准财务体系管控：建立统一的财务管理制度、会计核算和全面预算体

系，规范财务管理流程，对分子公司的财务核算，业务上实行垂直管理，行政上实行分子公司横向管理。

③ 财务人员管理：分子公司财务负责人由总部派出，由总部考核为主、分子公司上级考核为辅；分子公司财务人员原则上由总部统一调配，总部定期组织分子公司财务人员进行专业学习培训交流，提升专业技能。

④ 资产管理：建立统一的资产管理原则，各分子公司要保证资产安全完整、合理配置和有效利用，所有资产的购入、建造、报废、折价、转移等都必须严格按有关会计制度办理相应的处置手续。总部相应的职能部门负责定期对各分子公司的资产使用情况进行分析，以优化资产配置。

⑤ 资金支付：资金支出实行分级授权管理，具体授权额度在实施细则中明确，分子公司总经理拥有授权范围内的资金使用审批权。分子公司实行全面财务预算管理，每月执行月度资金使用计划和预算实施差异报告制度。

⑥ 财务信息报告：建立规范的月度、季度、年度分子公司财务信息报告机制。

（7）采购管理的具体管控指导原则。

① 建立针对不同情形的采购业务流程，适应不同的地域，不同的合资方以及不同的客户，从而确保业务的顺利开展。

② 供应商管理是公司层面的、多专业、多部门协同作业的活动。以市场调研为阶段性主要抓手，加强供应商准入管理、建立供应商长名单、做好客诉管理、供应商淘汰的供应商管理机制。

（8）采购管理的主要管控点。

图 10-9 所示为采购管理的主要管控点。

① 定位：降低采购成本，确保采购质量，规范采购过程，满足经营需求。

② 标准采购体系管控：建立采购管控体系，规范采购物资分类，明确各类物资的采购职责、操作流程与作业规范；分子公司在授权范围内制定采购操作细则，报各产业集团审批后执行。建立统一的采购信息管理渠道和管理系统，集中共享采购信息资源。

③ 供应商管理：各产业集团统一组织供应商开发、维护，建立合格供应商数据平台，定期组织评审、评价，淘汰并更新合格供应商名录。

④ 采购订单及执行：大宗生产原料、工程项目常规设备物资及通用性物资实行统一策略采购，各产业集团统一组织供应商选择与管理、定价，签订采购协议、执行采购。工程项目和技改项目新增的大额（重大）生产设备由各产业集团

第十章 BY集团组织设计与组织活力"四张地图"案例

统一组织技术选型，组织、参与商务谈判，采购执行。其他非策略性采购的生产性（专用性、辅助性）物料、备品备件等都由各产业集团统一采购执行。采购订单及执行情况信息及时上传并审查，汇总协调，预防不良采购、供应不及时等风险。

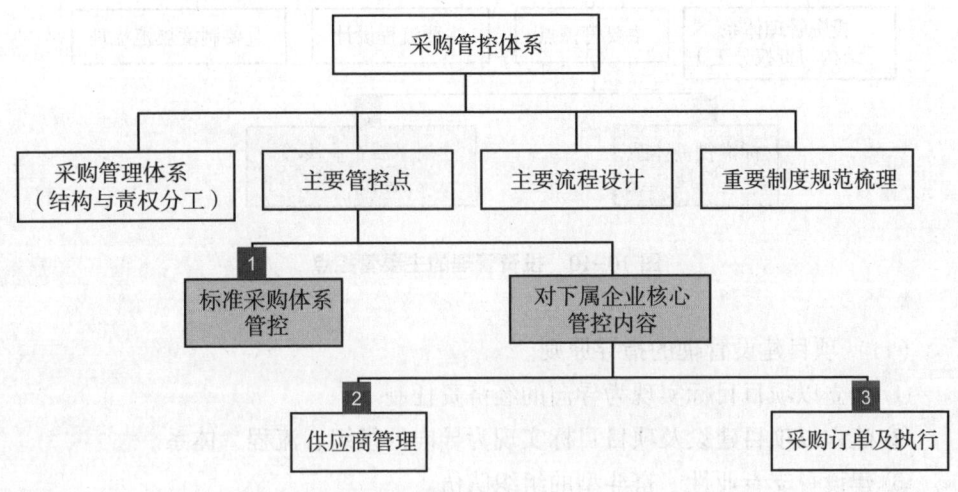

图 10-9 采购管理的主要管控点

（9）投资管理的具体管控指导原则。

① 积极稳健的投资原则：在综合评估投资风险的基础上，积极获取和配置资源，加速企业战略实现。

② 科学投资管理体系和事前关键点控制：坚持奉行审慎的事前投资可行性分析、科学的事中管理和投资后评估的投资管理体系，形成科学的投资管理体系，并重点强调对投资可行性分析的起点控制。

（10）投资管理的主要管控点。

图 10-10 所示为投资管理的主要管控点。

① 标准投资体系管控：原则上分子公司没有直接对外投资权，不允许自行对外提供担保、资产抵押、资金拆借、债权债务重组、财务投资等投资决策行为。

② 对内、外投资由各产业集团统一管理，分子公司根据各产业集团指令协助具体实施。各分子公司的内部投资项目（如扩产投资、技改投资等）由分子公司提出项目可行性分析报告和立项申请，各产业集团统一组织分子公司重大项目

的验收评审，小型项目分子公司自行组织验收，验收资料报各产业集团备案。

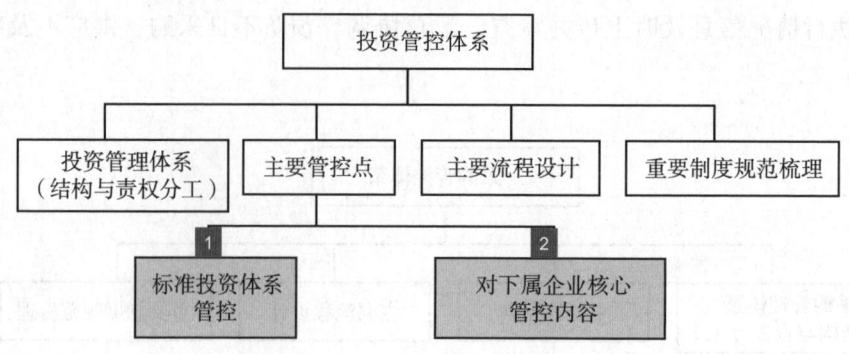

图 10-10　投资管理的主要管控点

（11）项目建设管理的指导原则。

① 建立以项目目标实现为导向的经济责任制。

② 建立以项目建设及项目目标实现为导向的组织、流程、体系。

③ 建设一支专业性、奋斗型的组织队伍。

④ 从设计、土建施工、安装施工、工程监理这四个方面做好资源的筛选，形成优质的短名单资源库。

⑤ 落实好已经设计好的项目采购经理管理模式，要实现以项目目标实现为最终目的，以项目组为管理主体的项目采购管理，要将项目采购人员绩效纳入项目整体绩效中，充分调动人员的主观能动性及积极性，实现共担共创共享。

（12）项目建设管理的主要管控点。

图 10-11 所示为项目建设管理的主要管控点。

① 定位：规范工程管理制度体系，从管、建、控角度出发，提升工程项目控制与质量安全水平。

② 标准项目建设体系管控：从设计、土建施工、安装施工、工程监理这四个方面做好资源的筛选，由各产业集团统一组织，形成优质的短名单资源库。异地项目由项目组在优质的短名单资源库中选择合适的设计单位进行洽谈、合同签订、进度跟进联络等工作，各产业集团协助成果验收。

③ 新建技改项目管理：分子公司重大新建技改项目，各产业集团审核通过后，方可实施。一般新建技改项目，由各项目组自行申报，报各产业集团项目建设管理部门备案。

第十章 BY集团组织设计与组织活力"四张地图"案例

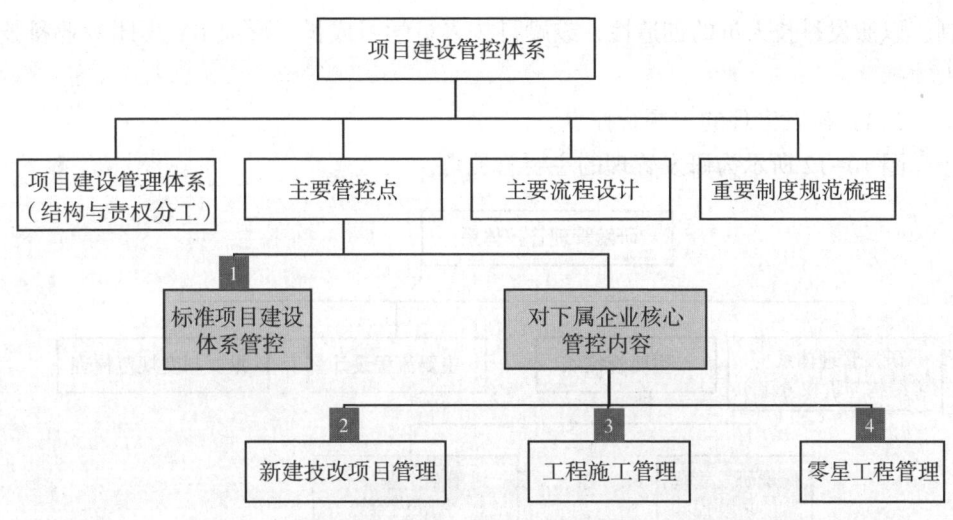

图 10-11 项目建设管理的主要管控点

④ 工程施工管理：由各项目组负责工程项目施工日常管理，其中项目变更等重要环节须报各产业集团审批。项目组编制工程施工实施方案与项目概算，报各产业集团审批后组织实施。项目组必须在《合格承包商清单》中选择确定承包商，如新增承包商，须报知各产业集团共同参与评审；施工合同报各产业集团审核通过后，项目组组织签订实施。

⑤ 零星工程管理：零星工程计划及方案、签证及验收，均由各产业集团统一组织。

（13）研发管理的具体管控指导原则。

① 根据企业战略、围绕产业链进行技术发展规划，指明技术发展方向，合理调配资源，根据战略优先性开展研发工作，实现资金和资源的最佳使用。

② 集中进行重大科研项目规划，贯彻研发计划预算，确保研发资源优先投入和研发经费的投入比例。

③ 自主研发与外协研发相结合，进行集中、有效的知识产权管理，形成BY集团自主知识产权体系。

④ 对项目范围、质量、时间、成本进行有效控制，保证目标清晰，方向明确，过程可控，成本节约，记录完整。

⑤ 设立公平的研发结果与研发效率评价体系，以提升项目最终成功率，促进产品竞争力的提升为目标。

⑥ 设定具有挑战性的目标，培养开放包容的创新氛围，采用科学的激励机

制,以激发科技人员的创造性,鼓励科技人员学习成长,形成BY集团专业科技人才梯队。

(14) 研发管理的主要管控点。

图10-12所示为研发管理的主要管控点。

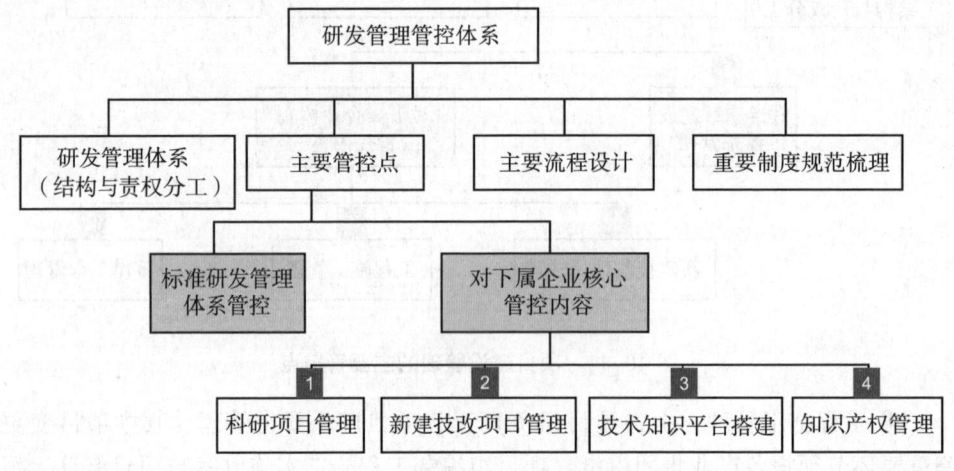

图10-12 研发管理的主要管控点

① 定位:确保知识产权统一,研发项目、新建技改项目管理,技术知识平台管理。

② 科研项目管理:各产业集团统一组织基础性研究项目、全新产品、新工艺的开发项目管理等;分子公司提报年度研发课题(项目明确研发重点课题)并予各产业集团进行备案;各产业集团统一组织进行分子公司重点项目立项评审、变更/终止及验收评审。

③ 新建技改项目管理:各产业集团负责公司技改课题的技术指导、评审把关、跟踪监督、课题管控与统一备案。分子公司负责本公司技改课题申报、立项、评审、实施跟踪、技术指导、课题验收等课题管理的组织与协调。

④ 技术知识平台搭建:定期收集行业技术发展信息,分析技术发展趋势,跟进最新技术动态,国际先进技术引进,建立内部新技术信息共享通报平台。搭建外部专家与研究机构合作平台,建立外部专家库,定期组织外部专家指导、参与内部研发课题相关问题的探讨,参与重要课题的工艺指导、评审等工作。分子公司根据研发需要,提出外部专家与合作机构的协助需求,由各产业集团协助联系落实。如分子公司自行与外部合作机构建立关系,需向各产业集团报备。建立内部技术知识共享平台。各产业集团与分子公司研发成果中具有共通共用价值

的，各产业集团应统一整理、总结提炼、分享交流与推广使用。统一技术研发资料管理规范，建立全公司技术资料库，各分子公司按要求做好技术资料记录、归档，上报各产业集团并录入数据库进行统一管理。

⑤ 知识产权管理：各产业集团统一规划知识产权与专利申报管理，分子公司根据要求配合执行。

（15）信息管理的指导原则。

① 集中化：核心管理系统和支持性协作系统的规划、实施、运行必须集中；重点规划产业集团核心业务运营体系，充分利用集团 IT 共享服务中心的力量进行建设、管理和维护；基础设施的规划、实施、运营集团集中，建设全国性的数据中心和 IT 共享服务中心。

② 标准化：实现信息规划标准化、应用系统接口的标准化、应用系统实施方法标准化；通过规范 IT 服务流程，引入服务水平协议，实现其内部和外部服务的标准化。

③ 集成化：物流、资金流、信息流的高度整合是通过业务运营系统和管理系统的集成来实现的，通过应用系统、管理系统和决策支持系统的集成，支持企业快速准确的决策分析。

④ 扩展化：为了适应不同管理层和管理模式的要求，并考虑到 BY 集团未来在组织结构、业务模式、业务流程上的可能变化，系统建设应具有可扩展性；符合国际相关行业业务发展趋势，业务和管理系统具备业务和管理模式的先进性；系统建设符合 IT 技术发展趋势，注重性价比和总拥有成本。

⑤ 智能化：将创新的 IT 解决方案与业务场景相结合，实现更智能的人机互动，通过对数据的学习和认知，提供智能分析和预测，获取深入的洞察以及决策的支持。

（16）信息管理的主要管控点。

图 10-13 所示为信息管理的主要管控点。

① 定位：真实、及时、全面地汇总各分子公司日常经营信息，通过科学分析，为各项经营决策提供科学数据参考。

② 标准信息体系管控：各产业集团信息管理部门组织编制信息化规划；各分子公司信息部门按照公司整体信息化规划要求，协助开展系统在本区域的实施和推广。各产业集团信息管理部门建立统一的信息管理相关制度；各分子公司信息部门参照制定执行，协助各产业集团建立和完善涉及各分子公司的关键 IT 服务，参与信息管理制度和技术文档的修订。

◎ **组织**：组织激活方法论与实践 2.0

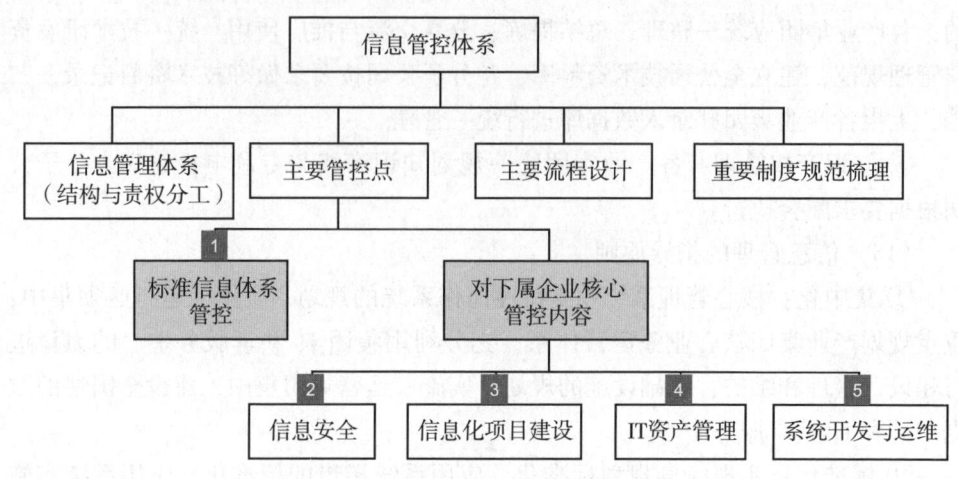

图 10-13　信息管理的主要管控点

③ 信息安全：各产业集团信息管理部门建立统一的信息安全管理体系和信息安全策略；各分子公司信息部门按照信息安全策略整体要求，开展在各分子公司的实施；配合各产业集团开展信息安全工作检查。

④ 信息化项目建设：各分子公司信息部门负责本区域的 IT 基础设施（网络、监控系统、一卡通系统、固定电话、移动设备等）项目建设，项目金额为 10 万及以下报各产业集团备案后自行建设；项目金额 20 万以上报各产业集团审批，项目结束，各产业集团共同参与验收；弱电系统项目验收资料报各产业集团备案。

⑤ IT 资产管理：各分子公司信息部门开展 IT 基础设施（计算机及相关设备、网络安全设备、服务器、机房设备、视频会议系统、一卡通系统、监控系统、电话通信及相关设备、弱电管路管线）的日常管理。

⑥ 系统开发与运维：信息系统开发由各产业集团统一管理，分子公司根据各产业集团指令协助具体实施。各产业集团信息管理部门建设系统三级运维体系；各分子公司信息部门负责系统在各分子公司的日常维护和技术支持。

2. 流程地图

流程地图的编制要基于企业整体业务流，明确企业价值创造的全过程。对此，企业应梳理每个流程，明确流程中包括的子流程及子流程包括的活动；通过自上而下的流程规划，形成企业流程清单和相应的流程架构。企业流程地图一般包括：战略管理流程、销售管理流程、产品开发流程、供应链管理流程、人力资源管理流程、财务管理流程等。图 10-14 所示为 BY 集团公司级流程地图。

第十章 BY集团组织设计与组织活力"四张地图"案例

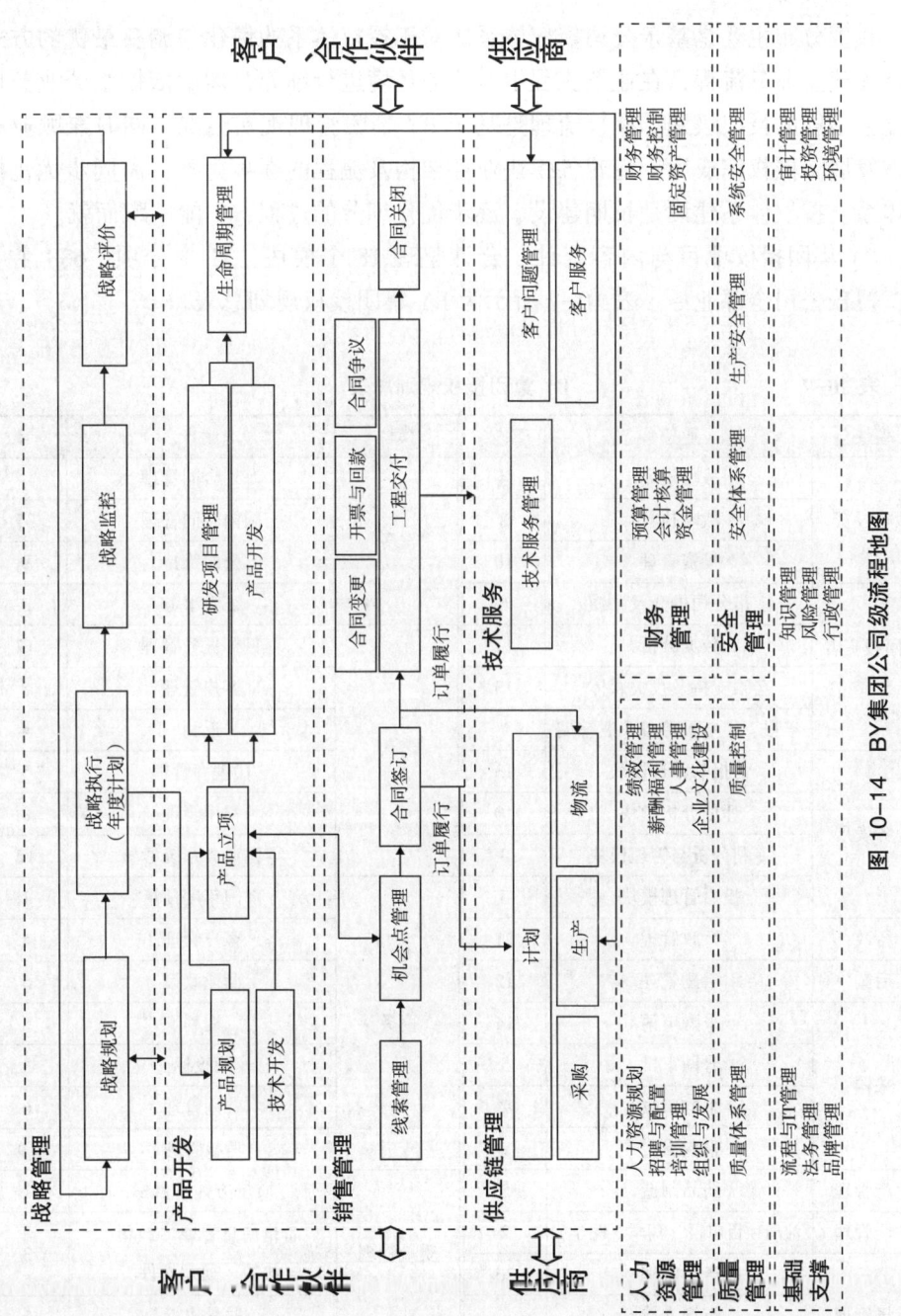

图 10-14 BY集团公司级流程地图

3. 权责分布

权责分布主要是基于公司授权体系。对于授权体系的优化与调整最优的方式是首先建立业务流程，在业务流程中对业务环境进行细分，然后依据细分业务环境配置不同的授权级别。授权梳理是基于BY集团管理现实情况，同时兼顾业务未来发展。授权完成后，随着各模块业务架构及流程的逐步完善，需同步优化授权体系。授权体系建设是长期建设、逐步优化细分的过程，不能一蹴而就。

BY集团授权项目与内容统计：合计整理18个模块，71个分项，638个子项，覆盖公司全部业务。表10-7所示为BY集团授权规划总表。

表10-7　　　　　　　　　　BY集团授权规划总表

模块	业务	项数	模块	业务	项数
战略投资	战略规划	4	法务	海外合同管理	4
	战略执行	8		国内合同管理	33
	投资管理	10		公司维持	9
集团投资者关系	上市公司推介及路演	6		证券事务	3
	数据分析	11	零售	目标任务管理	17
	会晤支持及投关媒体	13		客户管理	8
	年报、半年报筹备及业绩期	7		返利	4
业务发展	情报与筛选模块	13		代理商管理	5
	评估分析模块	10		费用管理	8
	专利分析与管理模块	3		零售业务系统考核	12
	投后管理模块	3	商务	部门年度预算	1
行政	行政管理	21		客户管理	4
后勤	后勤管理	12		商业政策	5
采购	采购申请	14		返利	5
	合同审批	5		招投标	4
	采购验收	2		费用管理	6
	采购支付	9		考核管理	19
生产管理	药品制造	5	质量管理	质量方针、目标	1
注册管理	注册项目申报（药学、医学）	2		质量信息管理（政策、法规、通知文件）	3
市场管理	产品管理	26			
	市场支持	3		质量执行	1
	医学研究	15	IT&流程	流程建设	7

第十章 BY集团组织设计与组织活力"四张地图"案例

续表

模块	业务	项数	模块	业务	项数
直营销售	区域战略目标管理	6	IT&流程	IT建设	10
	区域销售政策管理	4	人力	人力规划	2
	区域特殊销售政策	4		组织干部	9
	区域团队管理	12		招聘调配	18
	区域人力薪酬	11		绩效管理	6
	区域组织管理	7		薪酬激励	6
	区域支持费用管理	4		人才发展	7
	区域配套资源管理	2		员工关系	3
	业务IT流程管理	2	财经	财务	41
	非业务IT流程管理	2		审计	10
供应链	供应链规划	8		国内物流管理	17
	供应链执行	28		数据管理	1
	供应链费用	15		成本管理	2
	仓储管理	29			
	出入库订单管理	11	合计	71项	638

对各业务模块通过子项—分项进行层级细分,每一个项目按提议、审核、审批的流程进行授权规划。表10-8所示为战略与投资模块授权表的示例。

4. 组织职能地图

沿着BY集团价值链来设置业务条线组织运作。图10-15所示为BY集团一级价值链。

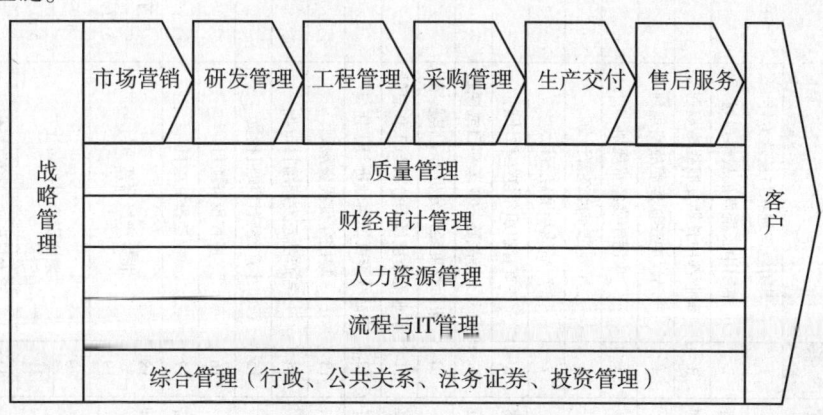

图10-15 BY集团一级价值链

◎ **组织**：组织激活方法论与实践2.0

表10-8 战略与投资模块授权表

业务	序号	子项	分项	提议	审核-初审	审核-复核	审核-会审	审批-个人审批	审批-集体审批
战略规划	1	集团经营理念与经营方针		战略规划经理	战略发展部总监			CEO	
	2	集团中长期发展战略规划		战略规划经理	战略发展部总监				战略与投资委员会
	3	事业部中长期发展战略规划		事业部销售管理经理	事业部总监				战略与投资委员会
	4	产品线中长期发展战略规划		产品线总监	市场部总监				战略与投资委员会
	5	集团年度经营规划		战略规划经理	战略发展部总监	COO		CEO	
	6	事业部年度经营计划		事业部销售管理经理	事业部总监			COO	
	7	产品线年度经营计划		产品线总监	市场部总监			COO	
战略执行	8	各直管组年度工作计划		组织总监			各相关组织	CEO/COO/CFO	
	9	重大支持战略的变革项目或课题		项目经理	战略发展部总监		经营分析会	CEO	
	10	集团季度经营分析与工作总结		战略规划经理	战略发展部总监		经营分析会	COO	
	11	事业部季度经营分析与工作总结		事业部销售管理经理	事业部总监		经营分析会	COO	
	12	产品线季度经营分析与工作总结		产品线总监	市场部总监			COO	
投资管理	13	集团年度投资规划		投资管理部总监	投资管理部总监				战略与投资委员会
	14	新产品及发展项目审批		业务发展部经理	CEO	COO		CEO	
	15	生产经营性项目投资		投资项目经理	CEO				战略与投资委员会
	16	股权投资项目		投资项目经理	投资管理部总监	业务发展部总监			战略与投资委员会
	17	权益投资项目		投资项目经理	投资管理部总监			CFO	
	18	非生产经营性项目	5万元以下	投资项目经理	投资管理部总监			CEO	
	19		5万元及以上	投资项目经理	投资管理部总监			CEO	战略与投资委员会
	20	集团资产对外转让	5万元以下	投资项目经理	投资管理部总监	CFO		CEO	
	21		5万元及以上	投资项目经理	投资管理部总监	CFO			战略与投资委员会
	22	重大投资项目验收报告		投资项目经理	投资管理部总监			CEO	

第十章 BY集团组织设计与组织活力"四张地图"案例

基于价值链业务功能映射，可以识别各职能部门和业务单元所承载的功能定位，并结合具体职位进行匹配。表10-19所示为人力资源部业务功能与职位匹配。

表 10-9　　　　　　　人力资源部业务功能与职位匹配

人力资源管理层级			分工协作			
1级	2级	3级	招聘经理	员工发展经理	组织发展经理	薪酬绩效经理
人力资源	人力资源规划	人力资源管理体系规划			●	
		公司人力资源规划			●	
	招聘配置	收集和分析招聘需求	●			
		分析需求	●			
		招聘计划	●			
		招聘实施	●			
		招聘渠道管理	●			
		人才储备库	●			
		员工异动管理	●			
	培训管理	收集需求		●		
		分析需求		●		
		培训计划		●		
		培训实施		●		
		效果评估		●		
		培训资源管理		●		
		培训费用管理		●		
	绩效管理	组织绩效			●	
		员工绩效				●
		绩效体系管理				●
		指标库				●
		绩效管理辅导				●
		绩效数据收集与分析				●
		绩效结果应用				●
	薪酬福利管理	薪酬制度				●
		薪酬标准				●
		定薪管理				●

◎ **组织**：组织激活方法论与实践2.0

续表

人力资源管理层级			分工协作			
1级	2级	3级	招聘经理	员工发展经理	组织发展经理	薪酬绩效经理
人力资源	薪酬福利管理	薪酬调整				●
		薪酬核算发放				●
		人工成本分析				●
		薪酬调查				●
		五险一金				●
		公司福利				●
	基础人事管理	劳动合同		●		
		劳动风险管理		●		
		劳务外包、返聘人员、专家顾问管理		●		
		人事档案		●		
		入职/离退休管理		●		
		人员资质管理		●		
		考勤		●		
		人事报表		●		
	员工关系管理	员工关怀		●		
		员工满意度		●		
		员工健康管理		●		
		劳资纠纷处理		●		
	职位管理	职位分类分级			●	
		职位分析			●	
		职位评估			●	
		任职资格			●	
		职业生涯规划			●	
	组织管理	组织设计			●	
		组织调整			●	
		权责管理			●	
		定岗定编			●	
	干部管理	干部甄选	●			
		干部分类分级	●			

续表

人力资源管理层级			分工协作			
1级	2级	3级	招聘经理	员工发展经理	组织发展经理	薪酬绩效经理
人力资源		干部绩效		●		
		干部任免		●		
		干部素质模型		●		
		资源池建设		●		

说明：●主要责任者　○主要参与者／部分参与者

（四）BY 集团人才地图

1. 核心人才识别

识别核心人才需要综合岗位战略价值和稀缺性界定的分析，对 BY 集团所有岗位进行综合性的判断，进而确定公司核心岗位。图 10-16 所示为 BY 集团核心岗位界定模型。

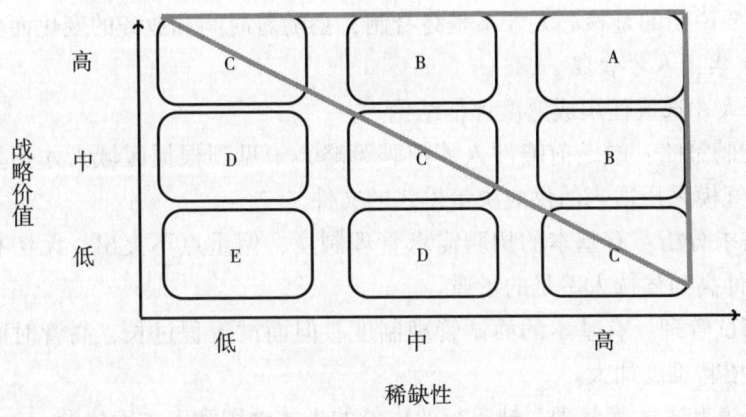

图 10-16　BY 集团核心岗位界定模型

BY 集团核心岗位界定结果：A、B、C 类属于 BY 集团核心岗位，D、E 类为 BY 集团的非核心岗位。

在确定了核心岗位之后，对核心岗位上的人进行管理，才是核心人才管理。达不到职位要求的，可以通过培训、锻炼、指导等方式使其达到要求；达到职位要求的，并且还有潜力的，作为核心人才管理的对象。

综合绩效等级及能力等级的分析，对 BY 集团所有人才进行综合性的判断，进而确定公司核心人才。

（1）绩效等级界定。基于 BY 集团过往仅进行了年度考评，故本次绩效等级"高中低"的界定标准以 BY 集团 2017 年度年终考核的等级作为划分依据，评为"S/A"者视为"高绩效者"，评为"B"者视为"中绩效者"，评为"C/D"者，视为"低绩效者"。

基于 BY 集团未建立内部任职资格或胜任力素质模型，过往也未组织过任职人员能力层级评定，故本次按上述通用型评价标准，结合日常工作胜任情况来进行界定。

（2）能力等级界定。能力高等级是指任职者至少熟练掌握或精通所任职岗位的知识/技能，在相关岗位上能够建立工作标准、规则及为他人提供专业指导等。能力中等级是指任职者掌握独立完成所任职岗位所需的知识/技能，实践经验相对丰富，日常工作中能够为他人提供部分指导。能力低等级是指任职者在所任职岗位上大部分或经常需要在他人指导下方能完成相关工作，处于不能完全胜任岗位的状态。

通过对核心岗位中的核心人才识别，就可以清晰地把 BY 集团人才地图绘制出来。需要说明的是核心人才不是终身制，会随着时间和业务的变化而变化。

2. BY 集团人才管理

（1）人才选拔任用成熟度评估结论。

① 招聘策略：缺乏前瞻性人才招聘策略，未见到根据区域人才招聘特点和业务发展规模采用适当的供应决策模式的文件。

② 需求分析：有基本的招聘需求管理制度，但重点不突出，无法有效地解决任职条件高与候选人不足的矛盾。

③ 面试管理：有基本的面试管理制度，但面试流程过长，高管时间无法保障，导致招聘难度加大。

④ 渠道和人才库管理：缺乏行业内外的人才地图和人才库建设。

⑤ HC 管理：有基本的职位管理制度文件，但缺乏人力预算编制的动态管理，人员配置管理缺乏前瞻性。

⑥ 新员工培训：新员工培训体系不健全，没有针对性的引导帮扶、融入转身计划。

⑦ 招聘效果：缺乏定期的回溯机制，评估优化招聘策略、办法、渠道等。

（2）人才选拔任用主要发现（见表 10-10）。

第十章 BY集团组织设计与组织活力"四张地图"案例

表 10-10　　　　　　　　　　人才选拔任用主要发现

模块	战略发展的要求	问题描述
核心人才招聘	从人才甄别转变向为人才吸引,有系统的人才吸引策略; 从接触到入职设计完善的针对性流程,确保优秀人才的引进过程; 针对性的人才融入及转身计划; 有科学清晰的职业发展规划及事业自豪感	招聘策略缺失,核心人才缺乏针对性的招聘策略; 缺乏科学的人才任用标准及面试官管理; 缺乏行业外人才地图; 缺乏定期的回溯机制,无法评估与优化招聘策略、办法、渠道等; 没有系统的人才融入及转身帮扶计划; 缺乏规范的晋升通道及精神激励机制
校园招聘	标准的人才定位及画像; 明确的培养模式和培养路径; 明确的人才价值主张; 完善的培训体系及阶梯式的成长通道; 适度比例的淘汰	没有系统的校园招聘策略及后备力量培养策略; 没有明确的人才价值主张; 没有系统的培养及晋升机制; HR没有对后备人才进行跟踪服务,属于放养式
HC管理	人均效率持续提升,人才资源优化配置,找到最佳规模效益; 编制管理必基于战略发展系统规划做到数量和质量并重,各类人员比例协调,种子业务允许部分体系存在部分人才冗余; 明确的定编规则,分层分类的定编方式,高效的定编流程; 每年皆会基于业务需要,制定1~3年的人力规划,人力需求及人才结构具有前瞻性	集团虽每年有人力规划,但未根据业务发展需要,部门接收人员均处于强制且突发型; 部门没有相应人员的配置标准,主要由公司根据实际情况进行人员的强制调配,HR接收与执行,对编制的合理性和各岗位饱和度没有系统分析,组织内存在大量人员冗余,有定岗定编系体文件,但未按文件执行; 缺乏人力预算编制的动态管理(适应业务的动态变化),没有编制管理机制; 没有规范的人力资源管理数据统计分析机制,没有定期组织人才结构盘点,没有人才地图; 没有人均效率分析与提升策略,处于事务型管理阶段

(3) 人才培训培养成熟度评估结论。

① 发展策略:是否建立以业务战略为导向的人才培养体系,且形成企业核心能力评价发展规划,员工职业发展路径是否明晰。

② 培训需求与规则:实施培训需求管理、预算管理及规划管理。

③ 培训实施管理:培训操作作业指导书是否健全,且按作业指导书规范开

展培训活动。

④ 培训效果评估：是否有健全的培训效果评估体系。

⑤ 课程管理：是否有企业文化、流程制度、通识管理、专业提升等课程体系。

⑥ 讲师管理：有基本的讲师管理制度流程，并有初步的管理尝试，但缺乏讲师队伍积累。

（4）人才培训培养主要发现（见表10-11）。

表 10-11　　　　　　　　　　人才培训培养主要发现

模块	战略发展的要求	问题描述
发展策略	建立专门的组织发展部门，匹配、支撑和满足业务快速扩张对人才的诉求	人力资源科培训专员更多的是信息的收集和传递，并未起到培训管理的功能； 形式上有"技术委员会"，对研发人员有技术能力的评估和认证，但实则为国家职称的申报认证
	培训与业务战略紧密结合，导向清晰，指向性、系统性强，能有效支撑业务战略的发展	总体上看培训系统有基础专业课程规划。但是培训缺少系统性，未基于业务发展需要及现有人才结构而设计培训策略
	打造与业务战略相匹配的能力中心和有力支撑平台，培训软硬件设施较为健全、完善，培训方式多样化； 有完善的知识管理体系、案例库体系等，可以有效满足各层级干部、员工自我能力提升的诉求	培训软硬件配套设备不健全，培训平台未真正建立起来； 培训主要以现场授课为主，员工自助学习平台还未建立，例如，E-learning 平台、知识管理体系、案例库体系等
	建立健全专业任职资格体系，明确内部员工发展通道和路径，清晰人才标准； 基于任职资格体系，建立各职位族类应知应会知识赋能体系建设	专业人才的晋升，暂未建立基于职位族类的专业任职资格体系，员工发展的路径和要求还不清楚，牵引性不足； 基于职位族类员工发展的基础性的应知应会赋能知识体系未建立起来
培训需求与规划	深入理解业务，明确各类业务的培训需求、预算及规划	人力资源对业务缺乏了解，没有基于业务促进的角度进行培训需求分析，培训投入未能跟上业务发展需要

第十章 BY集团组织设计与组织活力"四张地图"案例

续表

模块	战略发展的要求	问题描述
课程管理	课程开发要围绕关键岗位人群的知识和能力提升，有针对性； 课程开发要贴近业务，解决业务发展遇到的实际问题，基于业务场景进行课程的定制化开发	培训课程场景化不足，如目前BY集团大部分课程都以通识培训为主，缺乏基于业务场景的更有针对性的解决方案课程； 同时缺少帮助学员解决具体问题的工具、模板和方法的介绍和实际演练，训战不足
培训效果评估	构建系统化的工具和方法，有效监测人才培训培养实施效果	培训对于员工行为改变、业绩改进的评估未开展。调研反馈，BY集团培训效果评估仍处于学员感受、知识掌握方面的评估

（5）人才绩效管理成熟度评估结论。

① 管理策略：有基本的绩效管理流程和制度，对各层级采取不同的绩效管理方式，但是缺乏具体的规范和指导，缺乏对试用期人员的绩效评估。

② 目标制定：有战略目标和牵引性，有基本的目标分解及过程管理。

③ 目标实施/绩效辅导：有组织和个人绩效的管理责任部门，运营效果分析，个人绩效考核过程有监控和辅导，且部分管理者认识到绩效辅导的价值。

④ 绩效评价：有基本的绩效评价规则，但中基层人员的考核周期过长。

⑤ 结果沟通与应用：绩效结果的导向性不强，缺乏绩效沟通反馈。

⑥ 流程与信息化：绩效管理流程信息化还未开始。

（6）人才绩效管理主要发现（见表10-12）。

表10-12　　　　　　　　　　人才绩效管理主要发现

模块	战略发展的要求	问题描述
管理策略	组织/个人绩效管理导向明确、清晰，不同层级干部采取不同的管理策略	无绩效管理策略，原来仅基于奖金分配而进行的主观性评估
目标制定	根据SP&BP战略管理流程，公司目标管理流程与战略流程衔接，管理层滚动回看战略及战略达成情况； KPI的制定与分解科学、合理；	无战略解码过程； 考核项目为"德、能、勤、绩"，与实际工作没有关联

续表

模块	战略发展的要求	问题描述
目标制定	通过战略解码，将战略目标和组织期望，层层分解、落实到部门和员工个人，确保员工个人绩效与组织绩效统一，目标上下对齐，达成一致。通过个人绩效改善，持续推动组织绩效的提升； 个人绩效指标的设置要权衡、兼顾企业短、中、长期发展利益，合理布局。在关注业务指标的同时，也要关注组织建设、团队建设	
目标实施/绩效辅导	对目标实施过程中，运营管理体系强大，能通过量化数据及时反映运管情况，预警风险，并指导业务改善； 对中长期关键任务的跟踪有机制保障（如业务例会），并且能组织协调关键资源解决问题，确保目标达成 定期或不定期组织、开展绩效审视和回顾，及时发现问题并处理解决，保证绩效目标的达成； 绩效辅导过程规范、沟通到位，及时辅导下属改善绩效，提升能力； 绩效目标的修订程序明确、规范	缺乏对企业运营状况深入系统的分析，并指导业务改善，包括项目、研发、企划、生产、物流、人力资源等各方面 绩效辅导在 BY 集团未开展，绩效辅导功效没有发挥； 管理者还没真正利用绩效作为日常管理工具
绩效结果沟通与运用	基于不同发展阶段的组织分类分级，采取不同的激励策略，激励额度与经营结果或关键任务挂钩，驱动业务目标达成； 建立规范的沟通反馈机制，保证考核结果得到及时沟通，激励优秀员工，鞭策后进员工； 建立后进员工管理及处理机制，规范运作，主动辅导并与下属一起制定个人绩效改进计划，并跟进落实； 建立考核结果运用机制，确保结果得到有效运用，激发组织活力和员工积极性； 绩效考核起到正向激励作用，激发员工不断追求卓越，不断改善	缺乏差异性的激励策略； 未见明显创新举措去驱动非常规目标的达成； 缺乏绩效沟通反馈机制，大家不知道自己的考核结果； 绩效考核结果运用单一，目前主要用在年终奖分配

第十章 BY集团组织设计与组织活力"四张地图"案例

(7) 人才职位管理策略。

① 依据战略目标分解、组织分工和流程要求设置职位，避免因人设岗。职位设置必须编制岗位责任书，明确职位目标、职责、任职要求、所属组织、管理关系。职位设置需要满足三个条件，即公司价值链和业务流程分解的需要，符合组织架构管理的幅度和深度原则，满足员工职业发展的需要。

② 职位变动需要建立明确的晋升、平移、下降规则。职位价值决定职位职级，职位职级需按职位目标价值、责任或难度、稀缺或可替代性划分。个人职级需要明确与职位的关系、与任职的关系、与绩效的关系。个人职级需按个人知识、素质、能力、业绩及责任划分。

(8) 人才任职资格策略。

① 根据不同职位层级和类别设计有针对性的任职资格标准。确定干部基本任职资格，主要依据目标管理、团队建设、流程管理、资源利用、专业素质等。确定技术人才基本任职资格，主要依据具备专业的知识和能力，能够运用专业的方法和专业的设备完成专门化任务，并形成自身的核心专长和竞争力。确定基层员工基本任职资格，主要依据认同企业文化和核心价值观，具备基本职业精神、技能要求和行为方式。

② 任职资格认证方法。任职资格标准承载公司对人才的要求，用行为举证法保障认证效果。

③ 任职资格认证结果与周期。任职资格认证结果主要用于识别优劣，人岗匹配；找准差距，关注提升。认证周期一般为1年1次。

(9) 人才选拔任用策略。

① 不同职位层级和类别的选拔任用标准。

经营管理人才：作为企业发展战略的制定者、经营绩效的决策者、企业文化的塑造者，主要以内部培养为主，外部引进为辅，重点引入特殊人才。

运营管理人才：作为企业战略实施的组织者、经营绩效的保障者、管理平台的建设者、开拓创新的探索者、企业文化的传播者，基本内部培养，适当外部引进。

执行管理人才：作为企业战略实施的执行者、经营绩效的落实者、业务执行的示范者、规章制度的推行者，以外部引进为主，内部培养作为补充渠道。

外部引进人才：应同时满足三个条件，即内部缺乏适当人选、业务急需的人才、可以快速获得竞争优势的人才。

② 以品德为底线，以业绩为基础。品德体现个人的修养，作为人才必须要有良好的品德，不唯才是举。人才，尤其是高层人才的选拔，应把品德与修养作

为人才选拔的资格底线。对于弄虚作假、营私舞弊、有经济违规和信息安全违规的员工,对于重大事件"捂盖子"、不诚信、拉帮结派、以权谋私的员工,均不得提拔。对不符合品德要求的人才要一票否决。业绩优秀、为公司作出显著贡献,是人才选拔任用的基本条件。强化以责任结果为导向的价值评价体系和激励机制,使各部门目标始终要以客户为中心,任何不能为客户创造价值的组织、流程和运作都是多余的。绩效评价采取定量评价与定性评价相结合,把绩效突出或靠前的员工纳入成长快通道;绩效差(即责任结果不好)的员工则没有机会。

③ 以能力(潜力)为牵引,优先考虑基层经验。战国时期大思想家韩非子的人才思想中有一个重要观点,即"宰相必起于州郡,猛将必发于卒伍"。企业应强化对"市场经验""一线经验"的关注,识别素质、能力,针对不同素质、能力的组合,进行排兵布阵。能力是员工在工作中持续表现出来的关键绩效行为。公司对于人才核心能力的期望和要求可以概括为对事的管理、对人的管理、对组织平台的建设,应把成功实践经验作为对人才能力的验证。

④ 重点从业绩优异的单位输出人才。电视剧《亮剑》男主角李云龙在演讲报告说道:"一支具有优良传统的部队,往往具有培养英雄的土壤。英雄,或是优秀军人的出现,往往是以集体的形式而非个人的形式出现。"所以,从成功的项目或成功团队中选拔人才,更容易从成功走向成功。

(10) 人才培训培养策略。

① 系统规划,分段执行。每年度制订全年培训培养规划,明确每个月开展的活动。

② 分层管理,各有重点。对于经营管理人才而言,企业应致力于打造复合型管理人才队伍,人才要能综合使用专业知识和管理知识,管理能力要全面。

对于运营管理人才而言,致力于培养在相应领域内具有专业知识和技能、掌握先进的专业方法、有核心专长和竞争力、能够攻克专业技术难题的专业技术队伍。

对于执行管理人才而言,致力于培养认同企业价值观、掌握基本岗位工作技能、能够高效开展工作、解决问题的员工队伍。

③ 注重实践,形式多样。通过生动的案例研讨、项目锻炼、知识培训、轮岗兼职,更有利于理解、消化、吸收知识。

(11) 人才绩效管理策略。

① 不同职位层级和类别的绩效策略。干部绩效管理以中长期绩效为主,强调公司战略目标分解,包括能力素质提升及态度;专业技术人员绩效管理以技术贡献和过程管理为主,包括能力素质提升和态度;基层员工绩效管理以公司、部

门指标分解与岗位指标结合为主,包括能力素质提升和态度。

② 绩效评价的导向。要做到过程规范,客观公正;通过规范的流程,相关人充分评议,做实绩效评价;强化绩效结果应用,结果应用是人才选拔、激励、培养的重要依据。

③ 绩效评价的维度。应包括增收节支,市场客户、核心业务、制度建设、队伍建设,执行力与奋斗精神等。

3. 人才激活

(1) 人才薪酬激励成熟度评估结论。

① 薪酬策略:针对集团不同产业有不同的薪酬策略,但是缺乏集团性的成文的制度或文件。

② 薪酬框架:薪酬框架清晰,但过于简单。

③ 薪酬定薪:有定薪的文件,对不同级别也有一定的定薪范围,但缺乏定薪的明确标准。

④ 薪酬调整:有成文的薪酬调整的规则,但调薪周期过长,缺乏市场竞争力。

⑤ 薪酬发放:有明确的薪酬发放规定,但没有给员工工资条。

⑥ 福利管理:福利管理还处较初始阶段,福利跟地产行业有较大差异,员工对福利的感受较差。

⑦ 荣誉激励:缺乏荣誉激励。

(2) 人才薪酬激励主要发现(见表10-13)。

表 10-13　　　　　　人才薪酬激励主要发现

模块	战略发展的要求	问题描述
薪酬策略	薪酬策略具有激励性,能有效吸引、保留核心人才,支撑业务发展,确保战略目标达成; 匹配业务发展,针对不同职位族采取不同的薪酬策略; 平衡外在奖励与内在奖励,实现资源分配的最佳化。薪酬机制匹配公司文化导向,价值分配向奋斗者和价值贡献者倾斜	薪酬策略存在两套不同的标准,没有明确的匹配人才策略的薪酬策略; 薪酬没有体现岗位价值差异,分配缺乏导向机制,整体分布较平均

续表

模块	战略发展的要求	问题描述
薪酬结构	薪酬结构合理，能充分发挥薪酬组合拳的激励作用，特别是针对打造"以客户为中心的响应力"和"技术开发力"的奖金类别的开发； 针对不同职位层级、不同职位类别员工设计不同薪酬固浮比； 职位越高的干部薪酬应更多地与公司和部门业绩挂钩；前端业务类、项目类、研发类人员薪酬应更多地与其业绩挂钩	没有匹配管理需要的薪酬结构设计，日常薪资中仅有固定薪酬，没有设计浮动比； 年底效益奖金和奖励工资和岗位直接挂钩，没有与业绩挂钩，导致做好做坏都一样，缺乏薪酬驱动力
福利管理	福利管理与企业效益、员工绩效挂钩，弹性管理； 把保健与激励相结合，福利项目设计更加丰富、多元，调动员工积极性； 满足个性需求的福利项目多元化	调研中，员工从不同层面皆反馈公司薪资福利需要改善； BY集团福利主要为法定福利及日常保障型项目，包括社会保险、住房公积金、就餐补贴、节日补贴、高温补贴、卫生补贴、独生子女补贴等。项目设计创意不足，导向性不强，造成员工感受不强
激励管理	基于公司的战略目标，与业务运作紧密结合，与绩效强关联； 激励机制覆盖全面，围绕推动公司各项重点工作开展	年终考核指标大多数为主观性态度类指标，没有与日常业绩强相关，流于形式，失去了激励效果

(3) 人才薪酬策略。

① 薪酬福利政策应符合国家和地方法律法规。

② 薪酬标准应以岗位价值、任职资格、绩效表现以及公司战略需要为依据，以职位价值评估为基础，与绩效体系结合，未来考虑与任职资格体系结合，同时预留设计接口满足公司中长期激励的需求。

③ 在满足法定福利的基础上，根据不同层次和类别人才的需求，实行差别化的薪酬结构和福利组合。

④ 薪酬成本的增长不高于公司效益和人均效益增长。

(4) 人才激励策略。

① 不同职位层级、类别的激励策略。

第十章　BY集团组织设计与组织活力"四张地图"案例

干部：以公司总体战略和经营业绩为导向，长、中、短期相结合，关注多重需求和精神满足。

技术类：以技术贡献为标准，关注知识型员工的需求，对于公司急需的高端专业技术人才可以使用特殊的薪酬策略。

市场类：以销售业绩和利润贡献为标准，对于能力非常强的营销人才可以根据业绩提高回报。

专业类：除特殊岗位和公司紧缺人才，参照市场平均工资水平，强调培训发展机会。

操作类：除特殊技能人才，参照市场平均工资水平，强调福利保障措施。

② 激励导向。责任结果导向，不是素质能力导向；打破（事业部和部门之间的）平衡，拉开差距，向高绩效者倾斜；年度绩效差的后5%~10%年终奖为零，长期绩效不良的施行降职、降级、降薪。

③ 激励方式。短期激励主要有绩效工资、年终奖；中长期激励主要有股票等。

4. 基于人才地图下的未来三年人力资源规划

BY集团未来三年的人力资源管理改进分为三个阶段：夯实基础阶段、提升专业阶段、准备转型阶段，并且为每个阶段制定行动方案。

（1）夯实基础阶段规划。

① 建立职位管理体系。

A. 基于价值链和业务流程提炼业务功能架构，匹配职位。

B. 划分职位族与职位类，编写部门和职位说明书。

C. 开展职位价值评估，划分职位层级。

D. 建立职位体系管理制度，设立职业发展通道。

② 提高招聘调配管理效率。

A. 完善招聘计划、招聘实施、效果评估流程和人才测评方式。

B. 根据不同类型人才的特点，建立稳定的招聘渠道。

C. 制定和推行内部推荐人才奖励机制。

D. 制定和推行人才内部选拔机制。

E. 建立各类资源池和人才储备。

③ 完善培训体系。

A. 针对公司的不同职位层级和族类明确培训策略。

B. 根据公司战略、业务发展和员工需求重新定义培训需求，有针对性地通过培训来提高员工的技能。

　　C. 改进培训形式和课程体系设计。

　　D. 应用多种方法对培训效果进行评估（如行为评估、结果评估）。

　　E. 应用绩效结果分析提高培训需求的准确性和针对性。

　　F. 引进和应用互联网学习平台。

　④ 改进绩效管理。

　　A. 根据BY集团发展战略与管理现状，设计绩效管理策略。

　　B. 建立基于平衡计分卡的全面绩效管理体系，平衡短期目标和长期发展。

　　C. 完善的绩效管理制度和流程，强化绩效沟通和绩效改善文化。

　　D. 增加绩效结果应用及与其他人力资源模块的关联。

　⑤ 提高薪酬与福利的激励效果。

　　A. 针对公司的不同职位层级和族类明确薪酬策略。

　　B. 进行市场薪酬调研，根据市场水平和公司薪酬策略制定以宽带薪酬为基础的薪酬标准，明确薪酬确定和调整依据。

　　C. 梳理现行福利政策，制定菜单式福利组合，针对不同人才的需求设计福利措施。

　　D. 进行薪酬测算，控制薪酬成本。

　　E. 制定新的薪酬福利制度并推行。

（2）提升专业阶段规划。

① 制定人力资源规划。

　　A. 分析公司战略对人员数量和素质的需求。

　　B. 划分职位族，了解不同类别员工的数量和素质的现状。

　　C. 分析以上二者之间的差距。

　　D. 制订人力资源规划方案，包括未来需要的人力资源数量、质量、配置方式、对于差距的弥补方式等。

② 建立任职资格体系。

　　A. 建立符合BY集团战略目标的通用的任职资格模型。

　　B. 建立符合岗位族的任职资格模型。

　　C. 评估现有员工素质能力和任职资格。

　　C. 将任职资格应用于人员招聘、选拔、培训、绩效、薪酬等模块。

③ 完善员工关系管理。

　　A. 增强劳动关系管理和劳资风险、法律咨询等功能模块。

第十章 BY集团组织设计与组织活力"四张地图"案例

B. 完善员工沟通渠道，加强调研结果的分析和应用。

C. 实施员工帮助计划（EAP）。

D. 开展员工职业生涯规划和辅导。

④ 建立员工职业发展通道。

A. 根据职位体系和任职资格标准建立多通道的职业发展通道。

B. 推广内部竞聘和选拔机制。

（3）准备转型阶段规划。

① 开展领导力提升计划。

A. 根据公司战略要求制订BY集团领导力模型。

B. 评估各级管理者的领导力水平。

C. 根据差距制订相应的领导力发展计划。

D. 根据领导力模型对不同层级管理层的能力要求，明确公司管理层晋升的规则和流程，实现管理层的"人岗匹配"。

② 参与组织发展。

A. 从行业发展视角出发，加深对公司业务管理和发展目标的理解，提出未来组织发展的需求，并进行有效的组织变革，包括各层级组织结构、治理模式、职责分工和相关管理制度的修正。

B. 和员工进行组织发展目的、方式等的沟通，加大员工在组织发展中的参与程度。

③ 参与变革管理。

A. 在企业文化的管理和核心价值观的维护中发挥着更重要的作用。

B. 逐步加强自身在整合过程中对变革管理的推动，做好员工在变革过程中的沟通和协调，并通过培训等手段帮助员工发展自身，适应公司变革。

（4）基础工作的行动方案。

① 提升人力资源管理人员的专业素质。

A. 根据人力资源管理的定位和发展战略，结合人力资源管理行为素质和技能要求，分析相关人力资源从业人员的专业知识、技能、素质和能力现状和要求之间的差距，确定改善和提升的方法。

B. 通过人力资源管理各模块专业人员之间的内部知识交流和分享，增进沟通与交流；定期对人力资源管理的专业人员进行专业赋能。

C. 建立公司与周边或同行业优秀企业人力资源部门的联系，走出去参观和学习其他行业和企业的先进管理经验。

② 运用人力资源管理信息化工具提高效率。

A. 将人力资源信息化建设纳入企业信息化建设规划项目中。

B. 加速实施和推广人力资源管理模块，实现人力资源信息储存和基础实务的标准化，通过实施人力资源管理信息化项目，进一步改善和优化人力资源管理流程。

C. 随着信息化项目的实施和推广，人力资源管理信息化的最高阶段就是员工自助，人力资源部在处理行政事务方面的时间和精力将进一步减少，在专业化服务和业务战略伙伴方面提供更多的增值服务。

③ 人力资源体系建设风险分析及应对措施（见表10-14）。

表 10-14　　　　　　人力资源体系建设风险分析及应对措施

序号	风险	应对措施
1	公司发展战略和目标发生重大变化	根据公司新的战略和目标，调整人力资源管理战略目标和行动方案
2	人力资源体系建设过程中出现偏差	对人力资源规划的全过程进行评估和控制，及时发现规划在制定当初及执行过程中存在的缺陷，有效地指导人力资源的开发和管理，并对人力资源规划持续修正和完善
3	人力资源体系建设过程中出现人员变动	要求人力资源部门员工除了熟悉本模块业务外，必须同时掌握第二甚至第三模块的应用，出现人员空缺时可以及时替代和兼任
4	业务部门抵制和不配合变革措施	在方案设计以及变革实施过程中增加与公司领导和各业务部门的沟通，取得公司领导和大多数部门负责人的理解和支持；加强方案的宣贯；将人力资源体系建设纳入绩效管理体系